Neues vom Tage

Da hilft kein Zorn. Da hilft kein Spott.
Da hilft kein Weinen, hilft kein Beten.
Die Nachricht stimmt! Der liebe Gott
ist aus der Kirche ausgetreten.

Erich Kästner

www.tredition.de

© 2020 Günter Daniel
3. korrigierte und erweiterte Auflage 2024

Verlag und Druck: tredition GmbH, Halenreie 40-44, 22359 Hamburg

ISBN
Paperback: 978-3-347-02259-1
Hardcover: 978-3-347-02260-7
e-Book: 978-3-347-02261-4

Günter Daniel

Kirche: austreten oder drinbleiben?

Warum ich ausgetreten bin - und vieles mehr

Streitschrift

Inhalt

Vorwort

Wer verbirgt sich hinter dem *Ich* des Titels? Einer von Millionen ganz normaler Gewohnheitskatholiken, denen der Glaube ansozialisiert wurde. Als Kind katholischer Eltern wurde ich selbstverständlich als Säugling in die Kirche hineingetauft. Danach besuchte ich einen katholischen Kindergarten und wurde während meiner Schulzeit von katholischen Religionslehrern *unterwiesen*. Eine Problematisierung der Unterrichtsinhalte und kritische Fragen waren nicht vorgesehen. Der Besuch der heiligen Messe gehörte zum sonntäglichen Ritual der Familie. Das Tisch- und Abendgebet waren Bestandteile des Tagesablaufs. All das waren Selbstverständlichkeiten, die weder von mir noch meinem Umfeld in Frage gestellt wurden. Die Welt war heil, oder richtiger gesagt, schien heil zu sein. So weit, so normal für einen Mitläufer-Katholiken.

Dann kam der Bruch. Was folgte, wich von der Schablone ab. Zu Beginn meines Studiums lernte ich als bekennender und praktizierender Katholik einen Kommilitonen kennen, der von einem katholischen Priester sexuell missbraucht worden war. Meine anfängliche Skepsis wich, als er mir seine schmerzhafte Leidensgeschichte im Detail schilderte und mich mit zwei weiteren Opfern sexuellen Missbrauchs bekannt machte, die mir Ähnliches erzählten. Ich erfuhr, dass eines der Opfer es nicht gewagt hatte, die Kirchenleitung zu informieren. Die beiden anderen brachten zwar den Mut auf, ihnen wurde aber nicht geglaubt. Vermutlich waren der gute Ruf der Kirche und das Renommee des Pfarrers wichtiger als Hilfe für die Opfer.

Ich war erschüttert. Mein Weltbild und besonders meine moralisch überhöhte Vorstellung von der katholischen Kirche lagen in Trümmern. (Man beachte, das geschah im Jahre 1963, zu einer Zeit, als das Christentum und die katholische Kirche noch von einem

Heiligenschein umgeben waren.) Nachdem ich den ersten Schock überwunden hatte, setzte ich mich mehrere Jahre sehr intensiv mit den Schattenseiten meiner nun Ex-Kirche auseinander. Jetzt konnte ich das *Schicksal* meiner Kommilitonen einordnen. Es war kein Einzelfall und sie waren auch nicht die Opfer eines seltenen Fehlverhaltens von Priestern. Sie waren der Kollateralschaden eines strukturellen Problems der katholischen Kirche. Ich erkannte den Zusammenhang mit der katholischen Sexualmoral und dem Zölibat. Bei dieser Auseinandersetzung mit meiner Kirche stieß ich auf ein Problem nach dem anderen. Mit einem Dominostein fiel der nächste.

Dieser Abnabelungsprozess, zunächst von meiner Kirche und dann auch von meiner Religion, war schmerzhaft und befreiend zugleich. Schmerzhaft, weil es nun galt, alteingefahrene und liebgewonnene Rituale, Dogmen und Denkgewohnheiten über Bord zu werfen. Befreiend, weil nun eigenständiges, angst- und tabufreies Denken und Diskutieren auch über übersinnliche und transzendentale Dinge erlaubt waren, Bereiche, die für mich bis zu diesem Zeitpunkt meine Religion besetzt hatte.

In diesem mehrere Jahre dauernden Abnabelungsprozess habe ich mich mit vielen Aspekten meiner Religion und Kirche intensiv auseinandergesetzt. Ich habe unzählige Gespräche und Diskussionen geführt, sowohl mit Anhängern – darunter auch mehrere katholische Pfarrer – als auch mit Gegnern der katholischen Kirche, habe zu dem Thema Vorlesungen und Seminare besucht und die einschlägige Literatur durchgearbeitet. Dabei bin ich auf viele Einwände gegen meine mittlerweile kirchenkritische Einstellung gestoßen, von denen ich mehrere im Buch aufgreife.

Zu den wesentlichen Aspekten meiner Auseinandersetzung mit Religion und Kirche habe ich Aufzeichnungen angefertigt, um den Sachverhalt gründlich zu durchdringen und klar zu strukturieren. Aber auch, weil ich in vielen Diskussionen die Erfahrung gemacht hatte, dass man im Gespräch, zumal wenn dieses sich zu einer hitzigen Kontroverse entwickelt, kaum Zeit und Gelegenheit hat, die eigene Position umfassend darzulegen und auf Gegenargumente einzugehen. Das Ergebnis dieser Aufzeichnungen findet der Leser auf den folgenden Seiten.

Wie oben dargelegt, habe ich mich aus gegebenem Anlass zunächst nur mit der katholischen Kirche beschäftigt (1. Kapitel). Dabei wurde mir aber bald klar, dass meine Untersuchung zu kurz greift und ich bezog dann auch die christliche Lehre, sprich Bibel, mit ein, stellt diese doch das Fundament der Kirche dar. So entstand das 2. Kapitel des Buches.

Das Buch weist folgende Struktur auf: Erst wird das jeweilige Problem (1. Kapitel) bzw. Ereignis (2. Kapitel) aufgezeigt bzw. geschildert. Dann werden Fragen dazu gestellt. Und zum Schluss gebe ich meine persönliche, häufig pointierte Antwort.

Im Anhang greife ich Fragen auf und erörtere Probleme, die mich in meiner Zeit des Zweifelns umgetrieben haben und mir bei der Entscheidungsfindung hilfreich waren. Darüber hinaus werden dort einige Aspekte meiner Kritik an der christlichen Lehre und der katholischen Kirche ergänzt und vertieft.

Ziel des Buches ist es, den Leser zu informieren und aufzurütteln. Informieren über das unrühmliche Wirken der Kirche in der Vergangenheit und besonders der Gegenwart. Auf- und wachrütteln zur kritischen Überprüfung seiner bisherigen Einstellung zur katholischen Kirche und zum Christentum – sofern er dazu nicht schon durch den weltweiten

Missbrauchsskandal veranlasst wurde. Damit verbindet sich die Hoffnung, dass der Leser am Ende dieses Prozesses seine Einstellung sowie sein Verhalten zur katholischen Kirche und zum Christentum ändert.

ERSTES KAPITEL

Warum ich aus der katholischen Kirche ausgetreten bin

Im Folgenden nenne ich die Hauptgründe, die mich zum Kirchenaustritt veranlasst haben, und erläutere sie, soweit erforderlich.

1. Frauendiskriminierung

Die katholische Kirche sieht in der Bibel ihr Fundament. Schauen wir uns mal einige Zitate über die Frau in der *heiligen* Bibel an, dem *Buch der Bücher*:

- „Es ist nicht gut, dass der Mann alleine sei; ich will ihm eine Gehilfin geben." (1 Mose 2,18)

- „Aber, wie nun die Gemeinde ist Christo untertan, also auch die Weiber ihren Männern in allen Dingen." (Paulusbrief an die Epheser 5, 24)

- „Wie der Mann Gottes Abbild ist und sein Abglanz, so ist das Weib des Mannes Abglanz." (Apostel Paulus)

- „Nur die Männer kommen in den Himmel, die sich nicht mit Frauen befleckt haben". (Offenbarung 14, 4)

Dass es sich hierbei nach Auffassung der katholischen Kirche nicht um ein überholtes Frauenbild handelt, bestätigte sie im Zweiten Vatikanischen Konzil (1965), wo es im Kapitel über die göttliche Offenbarung heißt: „das von Gott Geoffenbarte, das in der heiligen Schrift enthalten ist, [...] ist unter dem Anhauch des Heiligen Geistes aufgezeichnet worden. [...] Die Bücher des Alten und Neuen Testaments in ihrer Ganzheit lehren getreu und ohne Irrtum die Wahrheit."

Diese Frauendiskriminierung der Bibel wurde von Päpsten und Kirchenautoritäten noch getoppt! Hier einige Kostproben:

- „Wenn sich die Frau ihrem Mann, der ihr Haupt ist, nicht unterwirft, ist sie desselben Verbrechens schuldig wie ein Mann, der sich Christus nicht unterwirft." (Kirchenvater Hieronymus 347 – 420)

- „Das ganze weibliche Geschlecht ist schwach und leichtsinnig. Es findet das Heil nur durch die Kinder." (Heiliger Chrysostomos 346 – 407)

- „Die Weiber sind hauptsächlich dazu bestimmt, die Geilheit der Männer zu befriedigen." (Heiliger Chrysostomos)

- „Die Frau ist von Natur aus mit weniger Tugend und Würde ausgestattet als der Mann." (Kirchenlehrer Thomas von Aquin 1225 – 1274)

- „Denn im Manne überwiegt von Natur aus die Unterscheidungskraft des Verstandes." (Kirchenlehrer Thomas von Aquin)

- „Die Frau ist ein misslungener Mann. [...] Der wesentliche Wert der Frau liegt in der Gebärfähigkeit und in ihrem hauswirtschaftlichen Nutzen. [...] Mädchen entstehen durch schadhaften Samen." (Kirchenlehrer Thomas von Aquin)

- „Bei der Frau muss schon das Bewusstsein vom eigenen Wesen Scham hervorrufen." (Clemens Alexandrinus 215)

- „Nichts Schädlicheres gibt es als das Weib, durch nichts richtet der Teufel mehr Menschen zugrunde als durch das Weib." (Heilige Anselm v. Canterbury 1033 – 1109)

- „Das Weib ist die Einfallspforte des Teufels." (Kirchenvater Tertullian 150 – 207)

- „Wenn du eine Frau siehst, denke, es sei der Teufel! Sie ist eine Art Hölle." (Papst Pius II. 1405 – 1464)

Nun sind seit der Bibel Jahrtausende vergangen und die Äußerungen der Kirchenfürsten stammen auch aus ferner Vergangenheit. Man müsste meinen, dass die katholische Kirche, auch bedingt durch die Aufklärung und Säkularisierung, einen Lernprozess durchgemacht hat und mittlerweile die Frau als gleichberechtigtes und dem Manne gleichwertiges Wesen anerkennt. Weit gefehlt!

Zwar gibt es geringe Fortschritte. So sind z. B. heute Frauen als Messdienerinnen zugelassen. Noch 1980 dekretierte Papst Paul VI.: „Frauen sind nicht die Funktionen eines Messdieners gestattet."

Aber in der Kernfrage Frauenordination, d. h. Zulassung der Frau zum Priesteramt und höheren Ämtern, sagt die Kirche kategorisch *nein* und beruft sich dabei auf *ihren Herrn*:

„Die Kirche hält sich aus Treue zum Vorbild ihres Herrn nicht dazu berechtigt, die Frauen zur Priesterweihe zuzulassen." (Inter insignores,

1976, Erklärung der Kongregation für Glaubensfragen)

Im Klartext: Weil Jesus vor zweitausend Jahren keine Frau in den Kreis seiner Jünger aufnahm, darf heute keine Frau Pfarrerin oder etwas Höheres werden.

Weil auch danach die Forderung nach Frauenordination nicht verstummte, stellte der Heilige Stuhl 1994 fest:

„Damit also jeder Zweifel bezüglich der bedeutenden Angelegenheit [...] beseitigt wird, erkläre ich Kraft meines Amtes, [...] dass die Kirche keinerlei Vollmacht hat, Frauen die Priesterweihe zu spenden, und dass sich alle Gläubigen der Kirche endgültig an diese Entscheidung zu halten haben." (Ordinatio Sacerdotalis, 1994, Apostolisches Schreiben von Papst Johannes Paul II.)

Dass diese frauenfeindliche Sicht der Bibel und von Kirchenautoritäten nicht nur graue Theorie ist, sondern verheerende konkrete Folgen hat, belegen die fast täglich erscheinenden Presseberichte über Frauendiskriminierung in der katholischen Kirche. (Siehe dazu auch das Kapitel: *Nonnenmissbrauch und Nonnenverge-waltigung.*)

Bei dieser frauenfeindlichen Grundeinstellung ist es nicht verwunderlich, sondern nur konse-quent, dass die katholische Kirche bis heute die *UN-Frauenkonvention gegen die Diskrimi-nierung der Frau* von 1981 nicht unterzeichnet hat.

Ich frage:

1. Wie kann die katholische Kirche so borniert sein und den Wandel, den die Rolle der Frau in den letzten 2000 Jahren erfahren hat, total ignorieren?

2. Warum lässt es unser Staat zu, dass in der katholischen Kirche – als einzigem Arbeit-geber in Deutschland – ein Berufsverbot für Frauen besteht? Das ist ein klarer Verstoß gegen die Menschenrechte, konkret gegen

GG, Art. 3: „Niemand darf wegen seines Geschlechts [...] benachteiligt oder bevorzugt werden." Es darf nicht sein, dass die Menschenrechte überall, bloß nicht in der katholische Kirche Gültigkeit haben

3. Wie ist es zu verstehen, dass Frauen, die von der katholischen Kirche in dieser Weise beleidigt, entwürdigt und beschmutzt werden, trotzdem immer noch die Mehrzahl ihrer Mitglieder stellen? (Dafür fehlt mir jedes Verständnis.)

2. Absolutes Abtreibungsverbot

Die Abtreibung stellt ein äußerst schwieriges und komplexes Problem dar. Dabei geht es selten um ein simples Richtig oder Falsch, sondern um eine komplizierte Güterabwägung zwischen den Rechten und Ansprüchen des ungeborenen Lebens und den Rechten und Ansprüchen der Mutter. Diese Güterabwägung findet in den meisten Staaten ihren Ausdruck in gesetzlichen Regelungen, welche zwar im Detail voneinander abweichen, aber folgende Kernbestimmungen enthalten: Bei Vergewaltigung, Inzest und Gefährdung des Lebens der Mutter wird den betroffenen Frauen die Abtreibung ermöglicht.

Dieser Güterabwägung steht die Radikalregelung der katholischen Kirche gegenüber, welche lautet: Jede Abtreibung, aus welchen Gründen auch immer, ist ein verabscheuungswürdiges Verbrechen, das die Exkommunikation der Frau, des Arztes, der die Abtreibung vornahm, sowie aller Tatbeteiligten, die wesentlich für das Zustandekommen der Abtreibung waren, zur Folge hat.

Was auf den ersten Blick durch Klarheit und Konsequenz besticht, erweist sich bei genauer Betrachtung als äußerst problematisch. Nach dieser Regelung muss eine Frau,

- die durch Vergewaltigung schwanger wurde, das ihr aufgezwungene Kind austragen;
- die mit einem schwer behinderten Kind schwanger ist, von dem klar abzusehen

ist, dass es nie in der Lage sein wird, ein eigenständiges Leben zu führen, dieses Kind austragen;

- die schwanger ist, die Schwangerschaft fortsetzen, auch wenn mit Sicherheit abzusehen ist, dass sie daran sterben wird.

Dass es sich hierbei nicht um konstruierte Fälle handelt, soll das im März 2009 bekannt gewordene Schicksal des Mädchens Carmen aus Recife in Brasilien zeigen:

Nach der wiederholten Vergewaltigung durch ihren Stiefvater wurde die Neunjährige mit Zwillingen schwanger. Aus Sorge um die Gesundheit des Mädchens, das eine Geburt wahrscheinlich nicht überleben würde, nahmen Ärzte in Recife mit Einwilligung Carmens und ihrer Mutter eine Abtreibung vor. Daraufhin wurden die Ärzte zusammen mit der Mutter vom örtlichen Erzbischof José Gomes Sabrinho exkommuniziert. Carmens Vergewaltiger hingegen wurde nicht exkommuniziert. Der Erzbischof erklärte, der Stiefvater

habe zwar ein abscheuliches Verbrechen begangen, jedoch sei die Abtreibung – die Aus-
löschung unschuldigen Lebens – schlimmer.

Ich frage:

Warum ist das ungeborene, vielleicht ganz
am Anfang seiner Entwicklung stehende Leben (Embryo) höherwertiger als das Leben
der Mutter? Warum wird das Lebensrecht
des ungeborenen Kindes verabsolutiert?

Ich meine:

Bei dieser pseudo-moralischen Rigorosität
bleibt die Humanität auf der Strecke. Hier gehen Prinzipientreue und ideologischer Fana-
tismus vor Menschlichkeit.

3. Päpstliches Kondomverbot

Zunächst einige Fakten: Aids ist eine der ver-
heerendsten Krankheiten, welche die
Menschheit je heimgesucht hat. Unter den
Infektionskrankheiten mit den meisten To-
desfällen steht sie an zweiter Stelle. Im Jahre

2009 gab es weltweit ca. 37 Millionen Aids-Kranke. Bis zu diesem Zeitpunkt sind über 25 Millionen Menschen an der Krankheit gestorben, gegen die es bisher kein Heilmittel gibt. Die häufigsten Übertragungswege sind Geschlechtsverkehr, infizierte Nadeln, Mutter-Kind-Übertragung und Bluttransfusion, wobei die erste Übertragungsart weit an der Spitze steht. Weil wir bisher kein Heilmittel gegen Aids kennen, ist Prävention die effektivste Schutzmaßnahme. Es gibt drei Maßnahmen zur Prävention: Abstinenz, sexuelle Treue und Kondome.

Wie der Kinsey-Report und auch neuere Studien zeigen, ist es pure Illusion, auf Enthaltsamkeit vor der Ehe und sexuelle Treue zu setzen. Bleibt die Verwendung von Kondomen, um der Ausbreitung von Aids Einhalt zu gebieten. Folgerichtig unternimmt der deutsche Staat – und fast alle anderen Länder der Welt – große Anstrengungen, um mit Aufklärungsarbeit (z. B. im Sexualkundeunterricht, durch Plakate an öffentlichen Plätzen, Anzeigen in Zeitungen und Zeitschriften sowie Werbespots in Kinos und im Fernsehen zum Thema: „Gib Aids keine Chance") dieses Ziel zu erreichen.

Diesem redlichen Bemühen steht das päpstliche Kondomverbot diametral entgegen. 1968 in der Enzyklika „Humanae Vitae" verkündet, wurde es von allen folgenden Päpsten bekräftigt. Während es in der westlichen Welt fast einhellig auf Unverständnis und Empörung stieß und nur geringe Beachtung findet, wird es von vielen Katholiken in Afrika sowie Mittel- und Südamerika befolgt – für viele mit der fatalen Konsequenz, dass sie aufgrund ihrer Papsthörigkeit unnötigerweise an Aids erkranken.

Papst Benedikt XVI. hat seinen Kampf gegen Kondome als *Kultur des Lebens* bezeichnet, während er in Wirklichkeit in diesem Falle eine Moral vertritt, die fast wörtlich über Leichen geht.

Als er sich im März 2009 auf einem Flug nach Afrika befand, dem Land mit der höchsten Aids-Quote, wollte ein Journalist von ihm wissen, ob man nicht angesichts der dramatischen Entwicklung besonders auf diesem Kontinent über die Zulassung von Kondomen nachdenken solle. Seine Antwort: „Ihre Benutzung verschlimmert das Problem. [...] Die Lösung liegt allein im moralisch richtigen Verhalten und der Fürsorge für die Leidenden."

Auch als die Generalversammlung der Vereinten Nationen 2001 eine *ABC-Strategie* empfahl: abstinence, be true (sexuelle Treue), use condoms, die sogar zwei seiner Forderungen enthält, wurde sie von Benedikt abgeschmettert.

Nicht vergessen kann ich eine Fernsehdiskussion über das Kondomverbot, an der u. a. ein katholischer Bischof und ein junges katholisches Ehepaar teilnahmen. Der junge Ehemann war durch Bluttransfusion an Aids erkrankt. Die Frage, ob nicht in diesem unverschuldeten Extremfall die Verwendung von

Kondomen erlaubt sei, beantwortete der Bischof mit einem kategorischen *Nein*, denn die Aids-Übertragung sei Gottes Wille gewesen. Das Paar müsse leider sexuelle Enthaltsamkeit üben.

Ich meine:

Dieses Maß an Weltfremdheit und Unmenschlichkeit ist kaum zu überbieten! Wer Menschen lebensrettende Mittel verbietet, ist Agent des Todes. Dieses Verhalten mit einer höheren Moral zu rechtfertigen, ist reiner Zynismus!

Ich frage:

1. Wie viele Menschen müssen noch qualvoll sterben, nur weil die katholische Kirche ein Stückchen Gummi als Teufelszeug ansieht?

2. Wie ist die folgende Diskrepanz zu erklären: Das Abtreibungsverbot der katholischen Kirche fordert den absoluten Schutz

des ungeborenen Lebens (weil Leben angeblich gottgegeben und deswegen heilig ist), während durch das Kondomverbot viele Menschenleben leichtfertig aufs Spiel gesetzt werden. Sind diese nicht auch gottgegeben und deswegen heilig?

4. Stigmatisierung Homosexueller

In Fachkreisen ist unbestritten, dass Homosexualität keine individuelle Entscheidung ist, sondern eine naturgegebene Veranlagung. Schlagender Beweis: Unabhängig von Religion, Kultur, Rasse, Hautfarbe, Region und Bildung sind weltweit etwa 5 Prozent aller Menschen homosexuell. Auch bei vielen Tierarten ist Homosexualität zu finden.

Trotzdem werden praktizierende Homosexuelle, die nichts für ihre Veranlagung können und häufig darunter leiden, als Sünder gebrandmarkt und der *schlimmen Abirrung* bezichtigt. Papst Benedikt XVI. ließ 2005 verlauten, dass homosexuelle Sexualakte eine schwere Sünde seien, weil sie einen Verstoß gegen das Naturgesetz darstellten, und bezeichnete sie als menschliche Perversion.

Ich frage:

1. Wenn, wie die katholische Kirche lehrt, der Mensch ein Geschöpf Gottes ist, und wenn, wie Untersuchungen zeigen, so viele Menschen homosexuell veranlagt sind, ist dann diese sexuelle Orientierung nicht gottgegeben? Warum werden dann diese Menschen von der katholischen Kirche als abartig und sündhaft stigmatisiert? (Anfang Januar 2022 haben sich 125 Angestellte der katholischen Kirche, vom Pfarrer über die Sekretärin bis zum Hausmeister, unter der Überschrift ‚Wie Gott uns schuf' als homosexuell geoutet und ein Ende ihrer Diskriminierung gefordert. Am 24. 01.2022 berichtete die ARD über das Ereignis und dabei erfuhr der Zuschauer, dass der Katechismus und andere offizielle Verlautbarungen der katholischen Kirche Homosexualität bezeichnen als *geistige*

Verwirrung, traurige Folge der Zurückwei-
sung Gottes, unheilbare krankhafte Veran-
lagung und *in keinem Fall zu billigende*
Kultur des Todes.)

2. Haben Homosexuelle nicht auch ein Recht
   auf eine glückliche Partnerschaft und sexuelle Erfüllung als Teil des menschlichen
   Glücks?

3. Was würde ein heterosexuell veranlagter
   Mensch (vielleicht auch ein katholischer
   Priester, Bischof oder der Papst) sagen,
   wenn man von ihm fordern würde, sich
   homosexuell zu verhalten? Vergleichbares
   wird doch von Homosexuellen verlangt!

4. Dient die Kampagne gegen die Homosexualität bei den anderen vielleicht zur Ablen-
   kung von eigenen Problemen? Nach mehreren Untersuchungen gelten etwa 20
   Prozent der katholischen Priester und Se-
   minaristen als homosexuell. Und der Je-

suit und Psychotherapeut Hermann Krüger hat die katholische Kirche sogar „die größte transnationale Schwulenorganisation der Welt" genannt (*Spiegel*-Interview 25. November 2005).

5. Kindesmissbrauch und Nonnenvergewaltigung

Kindesmissbrauch

Kindesmissbrauch gibt es nicht nur in Einrichtungen der katholischen Kirche, sondern auch in Schulen, Internaten, Kindergärten, Sportvereinen etc. anderer Träger. Aber während es sich hier um Einzelfälle handelt, tritt Missbrauch in der katholischen Kirche in einer erschreckenden Häufung auf. Zum Beleg hier die Zahlen einiger ausgewählter Länder. Dabei handelt es sich nach einhelliger Meinung wegen der hohen Dunkelziffer nur um die Spitze des Eisbergs.

Australien: Mehr als 14 450 Personen wurden laut nationaler Missbrauchskommission zwischen 1980 und 2015 von Priestern, Ordensleuten und Kirchenmitarbeitern missbraucht.

Österreich: Seit 2010 ca. 800 Missbrauchsfälle.

Irland: Seit 2008 etwa 14 470 Missbrauchsfälle.

USA: Zwischen 1950 und 2013 gab es 16 417 Missbrauchsfälle, an denen 6 423 Geistliche beteiligt waren.

Polen: Zwischen 1990 und 2018 582 Missbrauchsfälle.

Deutschland: Aus der Missbrauchsstudie vom September 2018 erfahren wir, dass in der Zeit von 1946 bis 2014 3 677 Kinder und Jugendliche von Klerikern missbraucht wurden.

Durch diesen vornehmlich sexuellen Missbrauch, aber auch durch andere körperliche Misshandlungen, wurden Kindern und Jugendlichen schwere psychische Schäden zugefügt, an denen sie jahrelang, manche sogar ein ganzes Leben lang leiden. Mehrere haben die Folgen als Zerstörung ihres Lebensglücks und psychische Verkrüppelung bezeichnet.

Vor diesem Hintergrund ist es geradezu absurd, von *bedauerlichen Einzelfällen* und *Verfehlungen einiger sündiger Mitbrüder* zu sprechen, wie von mehreren Bischöfen und anderen Würdenträgern behauptet. Angemessener scheint da die Beurteilung in den Untersuchungsberichten zu den Vorfällen in Irland und den USA zu sein, wo von „systematischem" und „endemischem" Missbrauch die Rede ist.

Für den unvoreingenommenen Beobachter ist offensichtlich, dass ein Zusammenhang zwischen Kindesmissbrauch in der katholischen Kirche und ihrer Sexualmoral einschließlich Zölibat besteht. Dazu schreibt *DER SPIEGEL* (Nr. 6/8.2.2010): „Inzwischen steht außer Zweifel, dass dieses Klima der unterdrückten Sexualität Übergriffe auf Kinder in Schulen, Heimen und Pfarrgemeinden fördert". Und weiter: „Vor allem der Zölibat gilt als Hauptgrund für den unterdrückten und manchmal brutal aufbrechenden Triebstau im Klerus. Eheverbot und Keuschheitspflicht sind hohe Anforderungen, längst nicht alle Geistlichen werden ihnen gerecht." Der renommierte – mittlerweile bei der katholischen Kirche in Ungnade gefallene – Theologe Hans Küng merkt dazu an: „Wenn man von Amts wegen zu einem Leben ohne Frau und Kinder gezwungen wird, ist das Risiko groß, dass eine gesunde Integration der Sexualität misslingt, was beispielsweise zu pädophilen Akten führen kann." (*SPIEGEL* 2005)

Es hat viele Versuche gegeben, den Kindesmissbrauch in der katholischen Kirche zu bagatellisieren oder zu relativieren. Dabei wurde immer wieder darauf hingewiesen, dass dieser Missbrauch auch in anderen Einrichtungen (Schule, Sportverein, Jugendgruppen, Familien etc.) auftritt. Das ist zwar zutreffend, lässt aber folgende gravierenden Unterschiede außer Acht: In der katholischen Kirche

- gibt es signifikant mehr Missbrauchs-fälle (aus systemischen Gründe)
- wurden Missbrauchsfälle systematisch vertuscht
- wurden die Täter geschützt (durch Geheimhaltung und Versetzung an eine andere Dienststelle), während die Opfer in ihrer psychischen Not allein gelassen wurden.

Hinzu kommt, dass die katholische Kirche sich als Instanz versteht, die für den Schutz von Sitte und Moral eintritt.

<u>Was werfe ich der katholischen Kirche vor?</u>

a) **Sie hat eine Politik des Wegsehens, Verschweigens, Vertuschens und Vergessens betrieben und scheint immer noch nicht an ernsthafter Aufklärung interessiert zu sein.**

Nur in ganz wenigen Fällen war die Kirche von sich aus um Aufklärung bemüht. Ansonsten galt das Motto: wegsehen, verschweigen, vertuschen, vergessen.

Die folgenden Verhaltensweisen der verantwortlichen Amtsträger sind bekannt geworden: Auf Briefe und Beschwerden von Missbrauchsopfern wurde(n)

- überhaupt nicht reagiert
- diese aufgefordert „zu vergeben und zu vergessen"
- ihnen *Schmerzensgeld* angeboten, aber nur, wenn sie „alles unterlassen, um das Thema publik zu machen", im Klartext: Schweigegeld.

All diese Maßnahmen laufen darauf hinaus, nichts an die Öffentlichkeit dringen zu lassen, um eine Skandalisierung zu vermeiden. Die Wahrung des Ansehens der Kirche hat höchste Priorität.

Die Täter konnten mit mehr Fürsorge rechnen als die Opfer. Für sie wurden Therapien und Kuraufenthalte bezahlt und in vielen Fällen neue Pfarrstellen gesucht, um die alten Spuren zu verwischen. In den nichtsahnenden neuen Gemeinden kam es nicht selten wieder zu Missbrauchsfällen. Auch wurde nur selten die Staatsanwaltschaft eingeschaltet.

Die Hoffnung auf schonungslose Aufklärung der Missbrauchsfälle ist gering. Zwar wurden in den Bistümern Anlaufstellen für Missbrauchsopfer eingerichtet, aber dort sitzen Priester. Und es ist naiv, eine Aufklärung gerade von den Personen zu erwarten, die Missbrauch oft jahre- und jahrzehntelang verschwiegen haben. Die Forderung nach Einschaltung unabhängiger Ombudsleute wird abgelehnt. Auch zeigen sich Tendenzen zur Verharmlosung und Verlagerung der Schuld. So hat Walter Mixa, Bischof von Augsburg, kürzlich erklärt, dass die „sogenannte sexuelle Revolution" mitverantwortlich für die Missbrauchsfälle sei. Und in einem im April 2019 veröffentlichten Aufsatz behauptet der emeritierte Papst Benedikt XVI., dass die Achtundsechziger-Bewegung die katholische Morallehre zum Einsturz gebracht habe und damit Ursache des Missbrauchsskandals sei. Zwei groteske Versuche der Selbst-Exkulpation.

b) Keine Bereitschaft zur Reform der Sexualmoral und des Zölibats

Trotz der tiefen Krise ist die katholische Kirche weder zur Aufgabe des Zölibats noch zur Revision ihrer Sexualmoral bereit. Kirchenmännern, wie Hans Küng und Eugen Drewermann, die dazu aufforderten und Anstöße gaben, entzog der Vatikan die

Lehrerlaubnis. Und wohlmeinenden inner-kirchlichen Kritikern, wie *Kirche von unten* und *Wir sind Kirche* wird kein Gehör geschenkt.

Gegen die Forderung nach Lockerung oder Aufhebung des Zölibats wird u. a. eingewandt, es handle sich um eine rein innerkirchliche Angelegenheit, bei der man sich von Außenstehenden nicht reinreden lasse. Dem steht entgegen, dass viele zölibatäre Priester in Schulen und anderen kirchlichen Einrichtungen wirken, wo sie großen Einfluss auf die gesamte Gesellschaft haben. Hinzu kommt, dass es in einigen Gegenden Deutschlands keine Alternativen in Form von weltlichen Einrichtungen (Schulen, Kindergärten) gibt. Besonders krass stellt sich das Problem in Irland, wo die Erziehung überwiegend in der Hand der katholischen Kirche liegt.

c) Die katholische Kirche hat als moralische Instanz versagt

Die katholische Kirche erhebt den Anspruch, höchste moralische Instanz zu sein und sieht eine ihrer Aufgaben darin, in unserer säkularisierten Welt moralische Werte zu bewahren und weiterzugeben. Diese Selbstdarstellung hat viele Eltern veranlasst, ihre Kinder auf katholische Schulen zu schicken, von denen sie neben Wissensvermittlung auch moralische Orientierung erhofften. Umso größer ist jetzt, nach Bekanntwerden der Missbrauchsfälle, die Enttäuschung bei diesen Eltern, wurde doch gegen die von der Kirche selbst gesetzten moralischen Standards massiv verstoßen und damit die Glaubwürdigkeit der Institution erschüttert.

Durchaus zutreffend, wenn auch etwas überspitzt, bemerkt der SPIEGEL zu dieser Diskrepanz zwischen Anspruch und Wirklichkeit: „Der katholische Anspruch als höchste moralische Instanz darf durch nichts beschmutzt werden, weder den sexuellen Missbrauch von Kindern und Jugendlichen, begangen von Tausenden katholischer Geistlicher weltweit, noch die heimlichen Beziehungen zwischen Pfarrer und Haushälterin noch das Verstecken von Priesterkindern oder die Liebe schwuler Klerikerpärchen. Es sind alles Fälle von Doppelmoral, entstanden, weil sich der menschliche Trieb nur schwer einer päpstlichen Enzyklika unterordnen lässt, auch nicht bei Priestern." (*SPIEGEL* Nr.6/8.2.10)

Nachtrag

Die vorstehenden Ausführungen zum Kindesmissbrauch beziehen sich auf die Zeit vor dem Missbrauchsgipfel im Vatikan im Februar 2019. Was hat diese Konferenz gebracht? Positiv ist zu bewerten, dass die Zeit des Leugnens vorbei ist. Nach dem Bekanntwerden des riesigen Ausmaßes der weltweiten Missbrauchsfälle und der Perfidie vieler Fälle ist ein Wegschauen nicht mehr möglich. Aber um das Problem an der Wurzel zu fassen, hätte eine

gründliche Analyse der tieferen Ursachen er-
folgen müssen, was nicht geschah. Weil es sich
bei dem Missbrauch nicht – wie so häufig behauptet – um Einzelfälle menschlicher Schwä-
che handelt, sondern um ein systemisches
Phänomen, hätten die katholische Morallehre
und Sexualmoral, der Zölibat und die Machtstrukturen in der katholischen Kirche proble-
matisiert werden müssen, was nicht geschah.
In der Eröffnungsrede hat Papst Franziskus ein
„hartes Durchgreifen in der katholischen Kirche gegen sexuellen Mißbrauch" versprochen.
Dazu hätten Maßnahmen gehört wie Benennung und Entlassung der Täter aus dem Kirchendienst, Bestrafung von Bischöfen, die dafür verantwortlich sind, dass Täter geschützt
und von einer Gemeinde zur anderen versetzt
wurden, Zusammenarbeit mit der Justiz, unab-
hängige Untersuchung der Vertuschung und
Entschädigung der Opfer. Aber dazu gab es
keine Beschlüsse. Keine konkreten, verbindli-
chen Schritte wurden vereinbart. Es blieb beim

Schuldbekenntnis, ohne wirklich konkrete Veränderungen. Den großen Worten folgten keine Taten!

Nonnenmissbrauch und Nonnenvergewaltigung

Lange Zeit kursierten nur wilde Gerüchte über sexuelle Beziehungen zwischen Nonnen und Priestern. Spekulationen über unterirdische Geheimgänge zwischen Nonnen- und Mönchsklostern schossen ins Kraut. Vermutungen wurden angestellt über sexuelle Beziehungen zwischen Pfarrern und ihren Haushälterinnen sowie über Kinder und deren Verbleib, die aus diesen Beziehungen hervorgingen. Die Amtskirche schwieg zu diesem Thema. Lange bevor Papst Franziskus sich im Februar 2019 zum ersten Mal zum Nonnenmissbrauch äußerte, hatte die katholische Kirche detaillierte Kenntnisse darüber.

1955 erstattete die Ordensschwester Maura O'Donohue dem Vatikan Bericht über Missbrauch gegen Ordensschwestern in 23 Ländern, darunter Indien, Irland, Italien, Philippinen, USA und mehrere afrikanische Staaten. Daraufhin setzte der Vatikan eine Untersuchungskommission ein, welche die Fälle bestätigte. 2001 berichtete die italienische Zeitung *La Repubblica*, dass in einem afrikanischen Kloster 21 Ordensschwestern schwanger gewesen seien.

2003 berichtete die amerikanische Zeitung *St Louis Post-Dispatch* über eine Erhebung der St. Louis-University zum Thema *Erfahrungen sexueller Traumata katholischer Nonnen.* Es wurden 1 100 Nonnen von 123 Ordensgemeinschaften in den USA befragt. Vier von zehn Nonnen gaben an, unter verschiedenen Formen von sexueller Traumatisierung zu leiden. Das Spektrum reichte von sexuellem Missbrauch in der Kindheit bis hin zu sexueller Belästigung und Übergriffen von Priestern und Mitschwestern. Mindestens 34 000 Ordensfrauen sollen betroffen gewesen sein.

Die Untersuchung wurde nie veröffentlicht, sondern blieb unter Verschluss. Und dann, im Februar 2019, unternahm Papst Franziskus den mutigen, aber längst überfälligen Schritt und sagte zum Thema Missbrauch von Ordensschwestern durch katholische Priester und Bischöfe: „Es gibt Priester und auch Bischöfe, die das gemacht haben. Und ich glaube, es wird immer noch gemacht. So etwas hört ja nicht auf, sobald man es merkt. Die Sache geht so weiter."

Die gründlichste und ergiebigste Info-Quelle zum Nonnenmissbrauch stellt eine ARTE-Dokumentation dar (Titel: *Gottes missbrauchte Nonnen*, gesendet am 05.03.2019), in der Nonnen, Oberinnen und Priester aus vielen Ländern über ihre Erfahrungen berichten. Hier die wichtigsten Punkte:

- Sexuellen Missbrauch an Nonnen durch Priester und Würdenträger bis in den Vatikan hinauf gibt es schon seit vielen Jahren.

- Er erstreckt sich weltweit.
- In vielen Fällen führten die Vergewalti-gungen zur Schwangerschaft. Häufig wurden die schwangeren Nonnen von den Tätern zur Abtreibung gezwungen. (Und das, obwohl nach katholischer Lehre Abtreibung eine Todsünde ist, die als Mord gilt und mit Kirchenaus-schluss zu bestrafen ist. 2018 hat Papst Franziskus Abtreibung als Auftrags-mord bezeichnet.) In anderen Fällen wurden schwangere, mittellose Non-nen aus dem Orden verstoßen, wäh-rend die Täter unbehelligt blieben und weiterhin den Schutz der Kirche genie-ßen.
- In einem Fall wurden Ordensschwes-tern in Afrika von ihren Oberinnen wie Sexsklavinnen an Priester verkauft.
- Meistens mussten sich die Täter nicht rechtfertigen. Wurden sie dennoch von ihren Opfern zur Rede gestellt, gaben sie häufig religiös verbrämte Erklärun-

gen. Besonders krass ist der Fall der Ordensschwester Michele-France an dem Karmeliterinnenkloster in Boulage-Billancourt, die über 25 Jahre von einem Pater, der ihr als *geistlicher Beistand* zur Seite gestellt wurde, missbraucht wurde. Aussage der Nonne: „Seine Rechtfertigung dafür war, er wolle mich die Liebe Jesu zu mir spüren lassen. Er wisse und habe im Gebet gespürt, dass ich das brauche, und Jesus wolle genau das für mich, durch ihn. Er verwendete dafür oft einen bestimmten Ausdruck: Er sei das ‚kleine Werkzeug' Jesu."

- Für das Schweigen der Missbrauchsopfer werden mehrere Gründe genannt. Da ist zunächst das Gehorsamsgelöbnis, das sie abgelegt haben. Priester hätten sie auf die Höllenqual hingewiesen, die ihnen bei einem Verstoß drohten. Hinzu kommen die Scham, sich mitzuteilen, und die Angst, bei Gelöbnisverstoß als mittellose Nonne aus dem Orden ausgeschlossen zu werden. Haben es mutige Nonnen dennoch gewagt, sich zu beschweren, wurden ihre Berichte von Äbtissinnen und Bischöfen vermutlich unterdrückt, denn sie haben nichts bewirkt. In keinem der Vergewaltigungsfälle wurde von der Ordensleitung Strafanzeige erstattet. Die westafrikanische Ordensschwester Constance, die nach dem Ordensaustritt über die Missstände in ihrem Orden berichtete, u. a., dass 32 von 50 Nonnen abgetrieben haben, erhält seither Morddrohungen.

Ich meine:
1. Der Nonnenmissbrauch ist ein Skandal.
2. Das Schweigen über den Missbrauch ist ein Skandal im Skandal.
3. Der Schutz der Täter und die Bestrafung der Opfer ist ein noch größerer Skandal.

Ich fordere:

1. Schluss mit dem Zwangszölibat für katholische Geistliche. Wer will, kann freiwillig zölibatär leben.
2. Ende der Deckung der Missbrauchstäter durch die katholische Kirche. Schluss mit der *Kultur des Schweigens*.
3. Zwang aller kirchlichen Einrichtungen zur Anzeige von Straftaten bei der Polizei. Mit innerkirchlichen Disziplinarverfahren ist es nicht getan.
4. Schluss mit der Geheimniskrämerei um uneheliche Kinder von katholischen Geistlichen. Das Kindeswohl hat höchste Priorität, nicht die Reputation des Pfarrers.

6. Moderner Ablasshandel

Bekanntlich war einer der Gründe für Luthers Bruch mit der katholischen Kirche der Ablasshandel. Er bestand darin, dass Gläubigen Ablassbriefe verkauft wurden, mit denen sie begangene Sünden angeblich tilgen konnten.

Auch wurden Ablassbriefe für Verstorbene feilgeboten, um deren Seelen aus dem Fegefeuer zu retten. Besonders zu Luthers Zeit florierte der Ablasshandel. Geschickte Verkäufer (unter ihnen der Dominikanermönch Tetzel mit der Parole: „Sobald das Geld in der Kasse klingt, die Seele in den Himmel springt.") stellten in drastischen, angsteinflößenden Schilderungen und mit Hilfe von Bildern die Qualen dar, welche die Seelen im Fegefeuer erlitten und pressten mit diesem Psychoterror den naiven Gläubigen die letzten Pfennige aus der Tasche. (Übrigens: Ein Teil der Einnahmen, die aus dem sogenannte *Peterserlaß* stammten, ging in den Bau des Petersdoms in Rom.)

Nun dachte ich, der Freikauf von Seelen sei passé: bewältigte Vergangenheit eines trüben Kapitels der katholischen Kirche. Hatte doch Papst Pius V. 1567 alle Almosenablässe aufgehoben und für alle jene, die noch mit Ablässen Handel treiben, die Exkommunikation verfügt.

Aber meine Hoffnung war wohl zu optimistisch, wie ein Blick in den Katechismus zeigt.

Die Frage: „Wie können wir den Seelen im Purgatorium helfen?" wird wie folgt beantwortet:

„Kraft der Gemeinschaft der Heiligen können die Gläubigen, die noch auf Erden pilgern, den Seelen im Purgatorium helfen, indem sie Fürbitten und besonders das eucharistische Opfer, aber auch *Almosen* und Bußwerke für sie darbringen." (211)

Und an einer anderen Stelle heißt es:

„Die Kirche empfiehlt auch *Almosen* und Bußwerke zugunsten der Verstorbenen."

Um jegliche Fehlinterpretation auszuschließen, habe ich die Homepage der katholischen Kirche befragt, was sie unter Almosen versteht. Die Antwort:

„Ein Almosen ist eine materielle Gabe, die in der Religion mit der Erwartung eines spirituellen Vorteils, im Christentum besonders mit der Erwartung der Sündenvergebung verbunden ist."

Fazit: Auch heute noch gilt: Durch materielle Zuwendungen an die katholische Kirche kann man den Seelen im Fegefeuer helfen, in den Himmel zu kommen. Verglichen mit der Ausgangslage kein prinzipieller Systemwandel, sondern lediglich ein gradueller Unterschied. Das nenne ich Ablasshandel light.

7. Die katholische Kirche versucht mit Drohungen und Angst, Menschen an sich zu binden und in ihr zu halten

Diese Behauptung möchte ich mit zwei Beispielen belegen: Erbsünde und Atheismus.

a) Lehre von der Erbsünde

Nach der Lehre der katholischen Kirche werden *„alle Menschen* in der Erbsünde geboren", ohne irgendwelche persönliche Schuld. Davon können sie nur durch die Taufe befreit werden. Bleibt die Taufe aus, befinden sich deren Seelen „in der Macht des Bösen".

Ich meine:

1. Die Behauptung, die katholische Doktrin von der Erbsünde gelte für *alle* Menschen, also auch für Nichtchristen, Muslime, Buddhisten etc., stellt eine unglaubliche Anmaßung dar.

2. Hier handelt es sich um einen plumpen Trick: Durch die Drohung, dass sich ansonsten ihre Kinder in „der Macht des Bösen" befänden, sollen die Eltern veranlasst werden, ihre Kinder taufen zu lassen. (So bekommt man Kirchensteuer zahlende Schäflein in die Gemeinde!)

b) Verbot des Atheismus

Die katholische Kirche behauptet, das Gebot „Du sollst keine anderen Götter neben mir haben" verbietet den Atheismus, der „die

Existenz Gottes leugnet und auf einer falschen Auffassung von der menschlichen Autonomie gründet" (445). Damit „schließt man sich freiwillig aus der Gemeinschaft mit Gott aus" und begeht eine Todsünde (213). Wer im Zustand der Todsünde stirbt, auf den warten die „Qualen des ewigen Feuers der Hölle" (213). (Die Zahlen geben die durchgängig nummerierten Fragen im Katholischen Katechismus an.)

Ich meine:

Diese Argumentation demaskiert die katholische Kirche als das, was sie ist: selbstbezogen, überheblich, intolerant. Nur das eigene Denken und Handeln ist richtig (Absolutheitsanspruch), alles andere ist Teufelswerk.

Um meine Kritik auf den Punkt zu bringen:

Mit der Furcht vor der ‚Macht des Bösen' soll man in die katholische Kirche hineingezwungen werden, und mit der Furcht vor den „Qualen des ewigen Feuers der Hölle" soll man in ihr gehalten werden. Leider gibt es immer noch Menschen, die einfältig genug sind, auf diese Furchtmasche reinzufallen! Nur nebenbei sei angemerkt, dass man nach katholischer Lehre nur formal, aber nicht inhaltlich aus der katholischen Kirche austreten kann. „Durch die Taufe ist ein Mensch immer Teil der katholischen Kirche – daran kann weder er noch die Kirche etwas ändern. Sie ist das Realsymbol für die besondere, unauflösliche Gemeinschaft des Getauften mit Jesus Christus, durch den die Erbsünde ihre Macht über den Täufling verloren hat." (Quelle: www. Katholisch.de)

8. Resümee

Die Bilanz ist niederschmetternd. Aber bleibt da nicht Hoffnung auf Besserung, auf tiefgreifende Reformen, die das Übel an der Wurzel packen? Hat der Papst auf dem Anti-Missbrauchsgipfel – mit dem erstaunlichen Schuldbekenntnis – nicht ein ‚hartes Durchgreifen in der katholischen Kirche gegen Sexualmissbrauch' versprochen? Leider muss man feststellen, dass wirksame Maßnahmen zur Bekämpfung des Missbrauchs ausgeblieben sind. Dazu hätten u. a. gehört:

- Benennung und Bestrafung der Täter, erforderlichenfalls deren Entlassung aus dem Kirchendienst
- Benennung und Bestrafung der Mittäter, z. B. von Bischöfen, die den Skandal vertuscht und übergriffige Priester in andere Gemeinden versetzt haben
- Aufarbeitung des Skandals durch staatliche Verfolgungsbehörden und nicht durch die Kirche
- Verpflichtung der Kirche zur Anzeige aller Missbrauchsfälle
- Öffnung der einschlägigen Akten und Archive, beginnend beim Vatikan.

Auch darüberhinausgehende, dringend erforderliche Reformen finden nicht statt. Es bleibt bei

- der weltfremden Sexualmoral
- dem Pflichtzölibat
- dem Pillenbann und Kondomverbot
- dem Ausschluss der Frau vom Priester-amt
- der Stigmatisierung praktizierender Homosexueller
- dem absoluten Abtreibungsverbot
- der Anmaßung, die katholische Kirche sei die *alleinseligmachende Kirche*
- der Behauptung, dass der Mensch *in der Erbsünde geboren* sei und sich so lange *in der Macht des Bösen* befinde, bis er durch die Taufe davon befreit werde
- den bisherigen Machtstrukturen.

Dieser deprimierende Ist-Zustand der katholischen Kirche und ihre fehlende Bereitschaft zu tiefgreifenden Reformen ließen mir keine andere Wahl, als auszutreten. Mit meiner Entscheidung bin ich, wie die Austrittszahlen zeigen, kein Einzelgänger. Und angesichts der starrsinnigen Reformverweigerung ist nur zu hoffen, dass weitere Mitglieder in großer Zahl sich von ihrer Kirche verabschieden. Vielleicht führt dieser Schock zu einem Gesinnungswandel.

9. Auseinandersetzung mit zwei Einwänden

Wenn ich meine Gründe für den Kirchenaustritt vortrug, wurde mir häufig geantwortet: Du hast zwar Recht, aber deine Sichtweise ist völlig einseitig, weil du nur das Schlechte aufzählst und das Gute total ignorierst. Bei den vielen Positiva, die dann genannt wurden, waren fast immer die folgenden beiden Argumente, mit denen ich mich deshalb noch auseinandersetzen möchte.

1. Argument

Die katholische Kirche hat doch so viel Gutes getan und tut es immer noch: deswegen sollte man sie (auch materiell – Kirchensteuer) unterstützen

Diese Aussage ist zwar zutreffend, aber nur die Hälfte der Wahrheit. Wahr ist auch, dass die katholische Kirche unsägliches Leid angerichtet hat. Unzählige Menschen wurden von ihr im Laufe ihrer langen Geschichte bevormundet, drangsaliert, indoktriniert, diskriminiert, gequält und sogar getötet. Hier ein kurzer Auszug aus ihrem Sündenregister:

- Christlicher Antisemitismus/Antijudaismus/Schweigen zum Holocaust
- Kreuzzüge
- Inquisition
- Hexenverbrennungen
- Ketzerverfolgung
- Teufelsaustreibungen (noch heute praktiziert!)
- Christianisierung der *Barbaren* in den Kolonien (Zwangschristianisierung)
- Gegenreformation
- Religionskriege
- Ablasshandel
- Index (der verbotenen Bücher)

Die Schandtaten der christlichen Kirche – und das heißt bis zur Reformation: der katholischen Kirche – sind so zahlreich, dass Deschners *Kriminalgeschichte des Christentums* zehn Bände mit ca. 6 000 Seiten umfasst.

Eine treffende Skizze dieser dunklen Seite der (katholischen) Kirche findet man in Heiner Geisslers Buch *Kann man noch Christ sein, wenn man an Gott zweifeln muss?*

Warum sollte ich ausgerechnet eine Organisation mit dieser blutigen Vergangenheit und diesem für mich völlig unakzeptablen gegenwärtigen Wirken (siehe: Gründe für den Kirchenaustritt) durch Zahlung von Kirchensteuer unterstützen? Von dieser werden lediglich 10 Prozent für soziale Zwecke verwendet.

Und, was viele nicht wissen, der Einzug der Kirchensteuer durch den Staat kostet die Steuerzahler – ob Kirchenmitglied oder nicht – 1,5 Milliarden Euro im Jahr, weil die Kirche von den staatlichen Aufwendungen in Höhe

von 1,8 Milliarden Euro nur 300 Millionen erstattet. Auch eine Unterstützung der Caritas,
des Sozialwerks der katholischen Kirche,
kommt für mich aus zwei Gründen nicht in
Frage. Zum einen, weil sie, obwohl zu 98 Prozent vom Staat finanziert, sich als Organisation der katholischen Kirche ausgibt. Das
nenne ich Etikettenschwindel: Wo fast nur
Staat drin ist, sollte auch Staat draufstehen!
Zum zweiten, weil für die Caritas das deutsche Betriebsverfassungsgesetz und die EU-
Richtlinie gegen Diskriminierung im Beruf
(2000/78/EG) nicht gelten, was zur Folge hat,
dass Beschäftigte der Caritas sich nicht ge-
werkschaftlich organisieren dürfen, kein
Streikrecht haben und immer wieder Diskri-
minierungen vorkommen, z. B. gegen Angestellte, die homosexuell sind oder die nach einer Scheidung wieder heiraten.

Es ist unbestritten, dass in den zahlreichen
Einrichtungen der Caritas, vom Hospiz bis zur
Suppenküche, viel Gutes geleistet wird. Aber
man kann doch nicht Suppenküchen gegen

(Kindes-)Missbrauch aufrechnen, nach dem Motto: Wer das eine will, muss das andere in Kauf nehmen.

2. Argument

Wer das Christentum ablehnt und aus der Kirche austritt, verlässt den *christlich-abend-ländischen Werte- und Moralkodex*, das ethische Fundament unserer Gesellschaft

Zur genaueren Auseinandersetzung mit diesem Argument ist es erforderlich zu klären, was mit dem *christlich-abendländischen Werte- und Moralkodex* gemeint ist. Meine Diskussionsteilnehmer sagten unisono: natürlich die Zehn Gebote.

Weil die ersten drei der Zehn Gebote ausschließlich von Gott handeln, sind sie hier irrelevant. Die restlichen sieben enthalten unentbehrliche Normen für das Zusammenleben in der Gemeinschaft, wie: Du sollst nicht lügen, stehlen, töten, ehebrechen, nicht begehren deines Nächsten Haus und deines Nächsten Weib.

Wichtig ist auch noch, woher die Gebote stammen und wann sie uns überliefert wurden. Die Antwort finden wir in der Bibel, die berichtet, dass Gott Moses auf dem Berge Sinai die Tafel mit den Geboten übergab. Sie sind also göttlichen Ursprungs und kamen vom Himmel auf die Erde. Die Übergabe soll nach einhelliger Meinung der Bibelforscher um 1225 v. Chr. sattgefunden haben.

Nach dieser Sachverhaltsklärung stellt sich die Frage: Wie stand es mit der Moral vor der Gebotsübergabe? Bekanntlich gab es in der **vormosaischen** Zeit mehrere Hochkulturen (z. B. die der Sumerer im Mesopotamien, der

Ägypter und der Phönizier), in denen Menschen dicht gedrängt in Städten zusammenlebten. Dafür waren doch Spielregeln, wie die in den sieben Geboten, unbedingt erforderlich!

Es gibt also eine logische Notwendigkeit für die Existenz einer **vormosaischen Moral** nicht-göttlichen, sondern **menschlichen Ursprungs**. Diese zunächst nur logisch-spekulative Annahme wird durch unzählige archäologische Funde und historische Quellen bestätigt.

Als Beleg möchte ich nur auf zwei Dokumente verweisen, den Kodex Hammurabi und die ägyptischen Totenbücher.

Der **Codex Hammurabi** ist eine Gesetzessammlung des Königs Hammurabi (1810 – 1750 v. Chr.) von Babylon in Mesopotamien. Die Gesetze sind in eine 2,25 Meter hohe Basalt-Stele eingraviert und deswegen gut erhalten. Der Codex enthält eine umfangreiche Liste der verbotenen Handlungen – also die (negativ formulierte) Moral der Zeit –, von denen in unserem Zusammenhang die folgenden relevant sind:

- Diebstahl
- ungerechtfertigte Beschuldigung
- Betrug
- Ehebruch
- Inzest

Die **ägyptischen Totenbücher** sind Texte, von denen die ersten bis ins 2. Jahrtausend v. Chr. zurückgehen, die den Verstorbenen ins Grab gelegt wurden. Beim erwarteten Totengericht vor dem Thron des Gottes Osiris sollte der Tote Rechenschaft ablegen über sein Leben und in einer Art Beichte unter anderem bekennen:

- „Ich habe nicht Unrecht getan.
- Ich habe nicht geraubt.
- Ich bin nicht habgierig gewesen.
- Ich habe nicht gestohlen.
- Ich habe nicht Menschen getötet.
- Ich habe das Kornmaß nicht verringert.
- Ich habe nicht Lüge geredet.

- Ich habe nicht Weib oder Mann verge-
  waltigt.
- Ich habe den Hungernden Brot gegeben,
  und den Dürstenden Wasser,
  und den Nackten Kleider
  und dem Schifflosen eine Fähre."

Der Befund ist eindeutig: Die sogenannte christliche Moral wurde nicht von Gott gestiftet, sondern von Menschen gemacht. Sie wurde nicht bei Donnergroll auf einem feuerspeienden Berggipfel fertig formuliert von Moses in Empfang genommen, sondern hat sich in einem langen interkulturellen Prozess – mit mehreren Vor- und Zwischenstufen – in der altorientalischen Gesellschaft entwickelt. Sie ist Teil eines allgemeinen Menschheitsethos.

Die Vorstellung, dass die antiken Hochkulturen der Sumerer, Ägypter, Perser etc. ohne Moral existierten und dann die Moral plötzlich vom Himmel auf die Erde fiel, ist so naiv, unlogisch, weltfremd, unhistorisch und phantastisch, dass sie in ein Märchen- und Sagenbuch passt oder eben in die Bibel. Trotzdem ist diese Geschichte sehr tief im Bewusstsein des Volkes verwurzelt, wird sie doch jeden Tag von neuem im Religionsunterricht und der Kirche verbreitet.

Bleibt noch die Frage: Warum wurde die Entstehung der Moral Gott zugeschrieben? Antwort: Mit dem behaupteten göttlichen Ursprung bekommt sie den Anschein des Heiligen und ist somit vor jeglicher Kritik gefeit. (Eine Methode, die in der Geschichte häufig angewandt wurde.) Folge war, dass das Juden- und Christentum das Erfindungsrecht an der Moral für sich in Anspruch nahmen und beide Religionen sich dann als Gralshüter dieser Moral verstanden.

Immer wieder geben sich Politiker, besonders von der CDU/CSU, als Verteidiger der *christlich-abendländischen Werteordnung* aus, von der sie behaupten, dass sie u. a. die folgenden Fundamentalwerte beinhalte:

- Menschenrechte
- Demokratie
- Toleranz
- Rechtsstaatlichkeit
- Freiheit (einschließlich Religions-, Meinungs- und Pressefreiheit)
- Gleichberechtigung

Sie tun dies entweder aus Ignoranz oder aber in böswilliger Täuschungsabsicht. Ignoranz: weil sie nicht wissen, dass wir diese Werte dem Humanismus und der Aufklärung zu verdanken haben. Täuschungsabsicht: weil sie darüber hinwegtäuschen wollen, dass diese Rechte, die die Grundlage für eine moderne, offene Gesellschaft bilden, keineswegs der Religion entstammen, sondern in einem Jahrhundert währenden erbitterten Emanzipationskampf gegen die Machtansprüche der Kirche durchgesetzt werden mussten, (wie in Hans Küng, *Kleine Geschichte der katholischen Kirche* geschildert.) So verdammte der berühmt-berüchtigte Syllabus von Pius IX. (1864) nahezu alle Errungenschaften der Moderne als *Irrtümer*: Rationalismus, Naturalismus, Liberalismus, Demokratie, Trennung von Kirche und Staat etc. Bis heute hat der Vatikan die *Europäische Menschenrechtskonvention* nicht ratifiziert. Wenn es nach der katholischen Kirche gegangen wäre, gäbe es noch heute folgende Regelungen:

- Uneheliche Kinder wären nicht gleichgestellt.
- Homosexualität wäre strafbar.
- Männer hätten in der Ehe das Recht, ihre Erziehungsziele auch gegen den Willen der Frau durchzusetzen.
- Atheisten dürften nicht unterrichten.
- Religionskritik würde als Gotteslästerung verfolgt.
- Junge Mädchen ließe man lieber schwanger werden, als ihnen die Pille zu geben.
- Vergewaltigung in der Ehe wäre kein Straftatbestand.
- Eltern dürften ihre Kinder prügeln.

- Katholische und protestantische Kinder sowie Jungen und Mädchen würden getrennt erzogen.

Nachzutragen bleibt noch, dass das 2. Argument nicht nur im Kern falsch ist, sondern obendrein noch zwei weitere Fehler enthält, nämlich die Behauptung, die Moral sei *christlich* und *abendländisch*. Tatsache ist, dass die Moral nicht im Abendland, sondern im alten Orient entstand. Und sie kann auch nicht christlich genannt werden, weil zu der Zeit der angeblichen Gebotsübergabe an Moses (ca. 1225 v. Chr.) das Christentum noch nicht existierte.

ZWEITES KAPITEL
Warum ich nicht mehr Anhänger des biblischen Gottes sein kann

In der Bibel kann man nachlesen, welche Werke Gott vollbracht und wie er auf die biblischen Gestalten eingewirkt hat. Bekanntlich kann man Menschen – und warum nicht auch Gott und seine Mannen – an ihren Werken erkennen.

Von den vielen biblischen Ereignissen, die mich zunächst zum Zweifel an Gott und dann zur Abwendung von ihm veranlasst haben, möchte ich nur vier darstellen und dann aufzeigen, warum der dahinterstehende Gott für mich inakzeptabel ist.

1. Die Sintflut

Die Bibel sagt (1. Mose 6 – 8):

Nachdem Gott Himmel und Erde, Tiere und Menschen geschaffen hatte und einige Zeit vergangen war, bemerkte er, dass die Menschen (alle?) „böse und verderbt" geworden waren und beschloss, sie und alle anderen Lebewesen durch eine große Flut zu vertilgen. In der Arche überlebte nur der gottesfürchtige Noah mit seiner Familie und je ein Paar von allen Tieren. Alle anderen Menschen und Lebewesen ertranken in der Flut.

Ich frage:

1. Wenn Gott, wie die Bibel sagt, den Menschen nach seinem Ebenbild schuf, wie konnte er dann böse und verderbt werden?

2. Wenn, wie logischerweise anzunehmen ist, nicht alle Menschen „böse und verderbt" waren, warum wurden dann alle,

also auch Säuglinge und (Klein-) Kinder umgebracht?

3. Warum wurden die Tiere umgebracht? Sie haben weder Selbstbewusstsein noch ein Gewissen und können folglich nicht zwischen Gut und Böse unterscheiden.

Ich meine:

Ein Gott, der wegen einiger böser und verderbter Menschen alle Menschen umbringt, einschließlich zweifellos unschuldiger Säuglinge und (Klein-) Kinder, und daneben noch alle Tiere ertränkt, die nicht schuldfähig sind, ist ein wahlloser, verabscheuungswürdiger Massenmörder.

2. Abraham und Isaak

<u>Die Bibel sagt</u> (1. Mose 22):

Sara, die betagte Frau des fast hundertjährigen Abraham, gebar ihm durch Gottes Gnade einen Sohn, den sie Isaak nannten und über alles liebten. Eines Tages beschloss Gott, Abrahams Glauben auf die Probe zu stellen und befahl ihm, seinen Sohn zu töten und dem Herrn (Gott) zu opfern. Als Isaak gefesselt auf dem Opferaltar lag, Abraham das Messer zur Hand nahm und es schon über seinen Hals hielt, stoppte ihn Gott und sprach: „Lege deine Hand nicht an den Knaben und tu ihm nichts zuleide; denn nun weiß ich, dass du Gott fürchtest und hast deines einzigen Sohns nicht verschont um meinetwegen."

Ich frage:

1. Was soll uns hier beigebracht werden? Doch wohl, dass der Gehorsam gegen Gott der höchste Wert ist und in keiner Weise

in Frage gestellt werden darf. Die Unterwerfung unter seinen Willen hat absolut zu sein.

2. Kann ein Kind so ein traumatisches Erlebnis jemals vergessen?

Ich meine:

Dieser machtbesessene, grausame, über Kinderleichen gehende Gott, der absolute Unterwürfigkeit und blinden Gehorsam verlangt, ist ein Scheusal und eher die Ausgeburt des Teufels als ein Gott. Dass ein Vater seinen Sohn aus Gründen des Gehorsams und Glaubens schlachten soll, ist geradezu pervers. Da hilft auch keine noch so gewundene theologische Interpretation!

(Mir ist generell aufgefallen, dass wir uns an die Grausamkeiten der Bibel und ihres Gottes so gewöhnt haben, dass wir uns gar nicht mehr darüber empören. Handelte es sich nicht um das Heilige Buch, sondern um eine andere Publikation, würde – besonders veranlasst durch die christlichen Kirchen – ein

Sturm der moralischen Entrüstung losbrechen.)

3. Die Zehn Gebote und die Anbetung des Goldenen Kalbs

<u>Die Bibel sagt</u> (2. Mose 19 – 32):

Nach der wundersamen Befreiung der Israeliten aus der ägyptischen Gefangenschaft führte Moses sein Volk in das ihm versprochene gelobte Land Kanaan. Auf dem Weg dorthin machten sie am Berg Sinai Station, wo Gott Moses die Zehn Gebote verkündigte, die dieser dann seinem Volk kundtat. Als Moses noch einmal von Gott auf den Berg gerufen wurde, um ihm die Gebotstafeln zu überreichen, und er dort vierzig Tage verweilte, fiel ein Teil seines Volkes vom rechten Gott ab, schuf sich einen Konkurrenzgott, das Goldene Kalb, und betete ihn an. Als Moses zurückkehrte und sah, was geschehen war, ließ er auf Geheiß Gottes die Abtrünnigen – es waren etwa 3 000 – töten.

Ich frage:

1. Warum Gottes manische Eifersucht auf den rivalisierenden Gott und der brutale Massenmord an den Abtrünnigen?

2. Warum ließ Moses, die Tafel mit den Zehn Geboten in der Hand – von denen das fünfte bekanntlich lautet: Du sollst nicht töten! – 3 000 seiner Landsleute erschlagen? (Hier drängt sich der Verdacht auf, dass das erste Gebot – Ich bin der Herr dein Gott. Du sollst keine anderen Götter neben mir haben. – nicht nur räumlich an erster Stelle steht. Wenn es um Götter geht, müssen offensichtlich Menschen(rechte) zurückstehen.)

Ich meine:

Es wäre geradezu pervers, diesem eifersüchtigen und brutalen Gott zu dienen und ihn anzubeten.

4. Die Eroberung des Gelobten Landes und die Zerstörung der Stadt Jericho

Die Bibel sagt (5. Mose 20):

Das den Israeliten von Gott versprochene Gelobte Land war von anderen Stämmen bevölkert. Gott gab Josua, dem – nach Moses' Tod – neuen Anführer des auserwählten Volkes, eindeutige Anweisungen, wie er bei der Inbesitznahme des Landes vorzugehen habe. Er traf eine klare Unterscheidung zwischen den Menschen, die in dem benötigten Land lebten, und denen, die weiter entfernt wohnten. Letztere sollten aufgefordert werden, sich friedlich zu unterwerfen. Wenn sie sich weigerten, sollten alle Männer getötet werden und die Frauen sollte man zur weiteren Fortpflanzung mitnehmen. Im Gegensatz zu dieser noch relativ humanen Behandlung kann man nachlesen, was für die Stämme vorgesehen war, die das Pech hatten, bereits in dem versprochenen Lebensraum ansässig zu sein. „Aber in den Städten dieser Völker hier, die dir der Herr, dein Gott, zum Erbe geben wird, sollst du nichts leben lassen, was Odem hat, sondern sollst an ihnen den Bann vollstrecken, nämlich an den Hetitern, Amoritern, Kanaanitern, Peristern, Hiwitern und Jebsuitern, wie dir der Herr, dein Gott, geboten hat." (Hier drängt sich die Frage auf: Haben sich die Israelis 1948 bei der gewaltsamen Vertreibung tausender Palästinenser aus *ihrem Staat* an diese Aufforderung erinnert?)

Und über die Eroberung der Stadt Jericho kann man bei Josua 6, 21 lesen: Nachdem die Mauern der Stadt überwunden worden waren, erstürmten die Israeliten die Stadt und töteten alle Menschen – bis auf Rahab und ihre Familie. Das Gold und Silber, das sie fanden, opferten sie Gott, der ihnen diesen Sieg geschenkt hatte. Dann brannten sie die Stadt nieder, bis sie in Schutt und Asche lag.

Ich frage:

1. Warum und mit welchem Recht wird die dort ansässige Bevölkerung vertrieben bzw. ermordet?

2. Wo liegt der Unterschied zwischen den brandschatzenden, mordenden, die angestammte Bevölkerung aus Palästina vertreibenden Israeliten und der Politik der ethnischen Säuberung eines Herrn Milosevic im Kosovo? (Oh ja, es gibt einen großen Unterschied: Im Falle Milosevic hat die Weltgemeinschaft (UN) interveniert und dem Massenmörder das Handwerk gelegt. Die Israelis hingegen konnten ihre Untaten ungestört und mit gutem Gewissen begehen, hatten sie doch den Auftrag und Segen des alttestamentarischen Gottes.)

Ich meine:

Ein Gott, der zum Überfall auf fremde Länder und Städte auffordert, der zu Plünderung,

Raub, Vertreibung (ethnische Säuberung) und Mord anstiftet, ist kein Gott, sondern ein Scheusal.

5. Resümee

Zusammenfassend muss ich leider feststellen, dass dieser ungerechte, egomanische, eifersüchtige, machtbesessene, grausame und mörderische Gott nicht, wie immer wieder behauptet, ein Vorbild für ein (wertorientiertes und) gutes Leben ist, sondern ein schreckliches Ungeheuer, mit dem ich nichts zu tun haben möchte. Deswegen kann ich nicht länger Anhänger dieses Gottes und seiner Lehre sein!

6. Auseinandersetzung mit Einwänden

Weil ich im Laufe der Jahre mit vielen Menschen über meine Einstellung zum biblischen Gott gesprochen habe, kenne ich mittlerweile die wesentlichen Einwände. Drei davon habe

ich so häufig gehört – es scheinen Standardar-
gumente zu sein –, dass ich zu ihnen Stellung
nehmen möchte.

Der *erste Einwand* lautet: Meine Kritik beziehe sich nur auf den Gott des Alten Testaments. Damit könne man höchstens Juden in
Bedrängnis bringen, deren Glaube sich auf
dieses Alte Testament stütze.

Ist dem wirklich so? Schauen wir uns doch
einmal an, was der Katechismus, die offizielle
Auskunft der katholischen Kirche in Glaubensfragen, (in den Antworten auf die Fragen
21-23) dazu sagt:

21. Welche Bedeutung hat das Alte Tes-
tament für die Christen?

Die Christen verehren das Alte Testament als wahres Wort Gottes: Alle seine
Schriften sind von Gott inspiriert und be-
halten einen dauernden Wert. Sie zeu-
gen von der göttlichen Erziehungskunst
der heilschaffenden Liebe Gottes. * Sie

wurden vor allem geschrieben, um die Ankunft Christi, des Erlösers der Welt, vorzubereiten. (* siehe dazu Anmerkung S. 90)

22. Welche Bedeutung hat das Neue Testament für die Christen?

Das Neue Testament, dessen zentrales Thema Jesus Christus ist, bietet uns die endgültige Wahrheit der göttlichen Offenbarung. Die vier Evangelien nach Matthäus, Markus, Lukas und Johannes, die das Hauptzeugnis für das Leben und die Lehre Jesu sind, bilden darin das Herzstück aller Schriften und nehmen in der Kirche eine einzigartige Stellung ein.

23. Welche Einheit besteht zwischen dem Alten und dem Neuen Testament?

Die Schrift ist eine einzige, weil es nur ein Wort Gottes, nur einen Heilsplan Gottes und nur eine göttliche Inspiration beider

Testamente gibt. Das Alte Testament be-
reitet das Neue vor, und das Neue voll-
endet das Alte: Beide erhellen einander.

Ich meine:

Kommentar überflüssig.

Im Übrigen ist mir bei Diskussionen zu diesem
Thema aufgefallen, dass viele Verfechter der
Meinung, das Alte Testament sei für Christen
irrelevant, im selben Atemzug den hohen
Wert der Zehn Gebote als moralisches Funda-
ment des Christentums betonen.

Der *zweite Einwand* – er ist ansatzweise
schon im ersten enthalten – lautet: Das Neue
Testament als Fundamentaldokument des
Christentums mit dem friedliebenden Jesus

als Erlöser, könne, anders als das Alte Testament, als moralischer Kompass für die Menschheit dienen. Stimmt das? Kann das Neue Testament wirklich der kategorische Imperativ für uns alle sein? Sehen wir uns dazu einige Zitate aus ihm an.

„Ihr habt gehört, daß zu den Alten gesagt ist: Du sollst nicht ehebrechen. Ich [Jesus] aber sage euch: Wer ein Weib ansieht, ihrer zu begehren, der hat schon mit ihr die Ehe gebrochen in seinem Herzen. Wenn dir aber dein rechtes Auge Anlaß zur Sünde gibt, so reiß es aus und wirf´s von dir. Es ist dir besser, daß eines deiner Glieder verderbe und nicht der ganze Leib in die Hölle geworfen werde. Und wenn deine rechte Hand für dich ein Anlaß zur Sünde ist, so haue sie ab, und wirf sie von dir. Es ist dir besser, daß eines deiner Glieder verderbe, und nicht der ganze Leib in die Hölle geworfen werde." (Matthäus 5, 27-30)

„Glaubt nicht, ich sei gekommen, Frieden auf die Erde zu bringen. Ich bin nicht gekommen, Frieden zu bringen, sondern das Schwert. Denn ich bin gekommen, den Menschen zu entzweien mit seinem Vater und die Tochter mit der Mutter und die Schwiegertochter mit ihrer Schwiegermutter. Und des Menschen Feinde werden seine eigenen Hausgenossen sein. Wer Vater oder Mutter mehr liebt denn mich, der ist mein nicht wert; und wer Sohn und Tochter mehr liebt denn mich, der ist mein nicht wert." (Matthäus 10, 34-37)

„Und er [Jesus] sprach zu ihnen: Gehet hin in alle Welt und predigt das Evangelium aller Kreatur! Wer da glaubet und getauft wird, der wird selig werden, wer aber nicht glaubet, der wird verdammt werden." (Markus 16, 15-16)

„Des Menschen Sohn wird seine Engel senden, und sie werden sammeln aus seinem Reich alle Ärgernisse und die da Unrecht tun, und werden sie in den Feuerofen werfen; da wird sein Heulen und Zähneklappern." (Matthäus 13, 41-42)

„So jemand zu mir kommt und hasset nicht seinen Vater, Mutter, Weib, Kinder, Brüder, Schwestern, auch dazu sein eigenes Leben, der kann nicht mein Jünger sein." (Lukas 14, 26)

Diese Texte, die dazu auffordern, Unfrieden zwischen den Menschen zu stiften, Hass und Selbsthass zu schüren, Nicht-Christen zu verdammen und Gesetzesbrecher „in den Feuerofen zu werfen", sind alles andere als eine moralische Handlungsanleitung, eher eine moralische Bankrotterklärung. Unstrittig ist, dass das Neue Testament auch viele positive Werte enthält. Aber sollte man einen Moralkodex propagieren, der auch solche Unwerte anpreist?

Der *dritte Einwand* lautet: Die von mir angesprochenen biblischen Ereignisse dürfe man nicht wörtlich nehmen. Sie müssten sinnbildlich verstanden und gedeutet werden.

Hier stellen sich zwei Fragen:

Ersten: Welche Stellen der Bibel sind wörtlich zu nehmen, also als Tatsachenberichte anzusehen, und welche sind nur symbolisch zu deuten? Nach welchen Kriterien wird das von wem entschieden? (Ich habe in Gesprächen und bei der Lektüre den Eindruck gewonnen, dass Geschichten, bei denen Gott und seine Helfer nicht gut aussehen, in die Abteilung Allegorie abgeschoben werden.)

Zweitens: Wenn ich die Verfechter dieser Meinung frage, wie ihre sinnbildliche Deutung der oben angeführten Ereignisse aussehe, blieben sie mir eine Antwort schuldig. Ich hätte gerne gewusst, für was z. B. die Fast-Tötung des Isaak steht und welche tiefere Erkenntnis, Lehre oder Moral man daraus ableiten soll.

* Mir ist völlig unverständlich, wie der 2005 herausgegebene Katechismus der Katholischen Kirche das Alte Testament als eine von Gott inspirierte Schrift bezeichnen kann, die einen „dauerhaften Wert" hat (also auch für unsere Zeit!) und die von der „göttlichen Erziehungskunst" und „heilschaffenden Liebe Gottes" zeugt. Wir erfahren im Alten Testament viel über Verbrechen, besonders über Vergewaltigung, Mord und Totschlag, und wie man diese Untaten geahndet hat. Dabei wurden grausame Strafen verhängt: Verfluchen der Eltern: Todesstrafe (1), Ehebruch: Todesstrafe (2), Homosexualität: Todesstrafe (3), Sodomie: Todesstrafe (4), Arbeiten am Sabbat: Todesstrafe durch Steinigen (5).

(1), (2), (3), (4) Drittes Buch Mose, Kapitel 20: „Und der Herr redete mit Mose und sprach: Sage den Kindern Israels: [...] Wer seinen Vater oder seine Mutter flucht, der soll des Todes sterben. [...] Wer die Ehe bricht mit jemandes Weibe, der soll des Todes sterben. [...] Wenn jemand beim Knaben schläft wie beim Weibe, der habe ein Gräuel getan und sollen beide des Todes sterben. [...] Wenn jemand beim Vieh liegt, der solle des Todes sterben." (5) Im Vierten Buch Mose, Kapitel 15, finden die Israeliten in der Wildnis einen Mann, der am Sabbat Brennholz sammelt. Sie nehmen ihn fest und fragen Gott, was sie mit ihm machen sollen. „Der Herr aber sprach zu Mose: Der Mann soll des Todes sterben; die ganze Gemeinde soll ihn steinigen draußen vor dem Lager. Da führte die ganze Gemeinde ihn hinaus vor das Lager und steinigte ihn, sodass er starb, wie der Herr dem Mose befohlen hatte."

Ich meine, wenn man solchen drakonischen Strafen, die in der damaligen Zeit vielleicht als angemessen galten, auch noch heute einen „dauerhaften Wert" zuspricht und behauptet, sie seien Zeugnis für die göttliche Erziehungskraft und die heilschaffende Liebe Gottes, dann gebietet es die Vernunft, diese göttliche Gnade zurückzuweisen. Denn konkrete Konsequenz dieser „heilschaffenden Liebe Gottes" wäre, dass - zumindest in der westlichen Welt - etwa die Hälfte aller Menschen wegen der oben genannten Verbrechen exekutiert werden müssten.

Anhang

1. Glaubst du noch, oder denkst du schon? - Über die Unvereinbarkeit von wissenschaftlichem Denken und religiösem Glauben

Ein Thema, das in den Diskussionen über Religion und Kirche immer wieder auftauchte, war die Frage, ob religiöser Glaube und wissenschaftliches Denken miteinander vereinbar seien. Hier das Ergebnis meiner Überlegungen und Recherche.

Religiöser Glaube

Die großen monotheistischen Religionen (Judentum, Christentum, Islam) sind Offenbarungsreligionen. Unter Offenbarung versteht man die Mitteilung göttlicher Wahrheiten und des göttlichen Willens an Propheten, die diese dann – schriftlich oder mündlich – an ihr Volk weitergeben. Die Bibel und der Koran sind Sammlungen solcher Offenbarungen. Weil die Offenbarungen göttlichen Ursprungs sind, enthalten sie – nach kirchlicher Auffassung – die **unantastbare, absolute und ewige**

Wahrheit. Sie sind sakrosankt, dürfen also nicht in Frage gestellt werden. Wer es in der Vergangenheit dennoch wagte, dessen Gedanken wurden, wenn es sich um einen Katholiken handelte, günstigenfalls verboten, d. h., seine Schriften wurden auf den Index der verbotenen Bücher gesetzt. Schlimmstenfalls endete er auf dem Scheiterhaufen (Giordano Bruno).

Hätten nicht einige Menschen den Mut gehabt, biblische Offenbarungswahrheiten in Frage zu stellen, würden wir z. B. heute immer noch glauben, dass die Erde Mittelpunkt des Universums sei.

In diesem Zusammenhang stoßen wir auf zwei Probleme:

Erstens: Bekanntlich behaupten die Offenbarungen der verschiedenen Religionen Unterschiedliches, z. T. sich gegenseitig Widersprechendes. Wie können alle Offenbarungen trotzdem **die Wahrheit** beinhalten, wenn es doch logischerweise, sofern überhaupt, nur **eine** Wahrheit gibt?

<u>Zweitens:</u> Wie kann es sein, dass die Bibel als Buch der göttlichen Wahrheiten, die unantastbar, absolut und ewig gültig sind, Aussagen enthält, die nachweislich falsch sind, wie z. B. der Behauptung, die Erde sei der Mittelpunkt des Universums?

(Zur Weginterpretation dieses Widerspruchs argumentieren einige Apologeten, diese Aussagen seien zeitbedingt, also dem damaligen begrenzten Wissen der Propheten und Evangelisten geschuldet. Aber die Propheten geben doch nach biblischer Aussage nicht ihre eigenen Gedanken wieder, sondern Gottes Gedanken. Und diese beinhalten doch die Wahrheit, welche ewige Gültigkeit hat.)

Wissenschaftliches Denken

Der wissenschaftliche Denk- und Forschungsansatz unterscheidet sich grundsätzlich vom Offenbarungsdenken. Ausgangspunkt ist immer eine Forschungsfrage, z. B.: Wie ist die Erde entstanden? Woher kommt der Mensch? Wie kann man Krebs heilen? Zu dieser werden Beobachtungen, Vermutungen und Spekulationen angestellt, die dann zur Formulierung einer Arbeitshypothese führen. Diese Hypothese wird dann im weiteren Forschungsverlauf durch Experimente, kritische Fragen, Einwände und Bedenken einem rigorosen Gültigkeitstest unterzogen. Werden Fehler und Schwächen entdeckt, muss die Hypothese modifiziert oder ganz aufgegeben werden. Besteht die Hypothese die Prüfung, wird sie zur Theorie. Theorien, die lange Zeit ihre Tests immer wieder bestanden haben, werden zu Gesetzen (z. B. Gravitationsgesetz). Aber auch diese verlieren ihre Gültigkeit, sollten sie irgendwann einmal den Realitätscheck nicht bestehen.

Für wissenschaftliche Forschung gelten die folgenden Grundsätze:

- Sie weiß um die Begrenztheit ihres Wissens und dass es **die Wahrheit** nicht gibt.
- Sie ist sich der Vorläufigkeit ihrer Aussagen bewusst und unterzieht ihre Ergebnisse einer permanenten Kritik.
- Sie ist ergebnisoffen.
- Sie bedient sich der Methodik des kritischen Zweifelns, welche die Annahme von unantastbaren, ewigen Wahrheiten ausschließt.
- Sie geht von der rationalen Annahme aus, dass die wissenschaftlichen Verfahren der Logik (Überprüfung der Aussagen auf ihre Widerspruchsfreiheit) und Empirie (systematische Konfrontation von Behauptungen mit der Erfahrungswirklichkeit) die besten Instrumente sind, die bisher entwickelt wurden, um gültige Kenntnisse über die Welt zu gewinnen.

- Sie hat vernünftiges und vorurteilfreies Denken als Voraussetzungen. (In welchem Gegensatz die Religion zu dieser Forderung steht, zeigen exemplarisch zwei Zitate aus Luthers Tischreden: „Die Vernunft ist das größte Hindernis in Bezug auf den Glauben, weil alles Göttliche ihr ungereimt zu sein scheint, dass ich nicht sage, dummes Zeug." Und an anderer Stelle: „Wer ein Christ sein will, der steche seiner Vernunft die Augen aus.")

Wie ein Mensch diese beiden Denkansätze, die sich – nach meiner Ansicht – gegenseitig ausschließen, miteinander vereinbaren kann, ist mir unverständlich. Mehrere Gesprächsteilnehmer haben mir folgende Lösung für das Dilemma vorgeschlagen: Sie sagten, es handelt sich hier um zwei unterschiedliche Bereiche. Offenbarungsdenken beziehe sich auf das Transzendentale, also Gott und das

Jenseits, während das wissenschaftliche Denken mit dem Diesseits, den konkreten Dingen unserer Welt befasst sei. Mein Einwand: Das stimmt doch nicht! In der Bibel geht es doch nicht nur um den Himmel und das ewige Leben, sondern auch um konkrete irdische Dinge, wie den Ursprung der Welt, den Aufbau des Universums und die Entstehung des Menschen. Das sind Fragen, mit denen sich **wissenschaftliche** Disziplinen auseinandersetzen.

Nebenbei sei angemerkt, dass das Wort *Glaube* für die Offenbarungsreligionen unzutreffend ist. Im allgemeinen Sprachgebrauch heißt glauben so viel wie meinen, vermuten, annehmen und steht im Gegensatz zu wissen. Die Offenbarungsreligionen nehmen aber genau das Gegenteil für sich in Anspruch: Sie **wissen** mit hundertprozentiger Sicherheit, was die Wahrheit ist.

2. Warum glauben (so viele) Menschen an Gott?

Wenn ich mich im Gespräch als Nicht-Gottgläubiger zu erkennen gab, wurde ich häufig darauf hingewiesen, dass der Mensch schon immer, seit seiner Entstehung und in allen uns bekannten Kulturen, an irgendwelche Götter geglaubt habe. Folglich müsse doch an diesem Gottesglauben etwas dran sein.

Dazu lautet meine Antwort: Es ist eine unbestrittene Tatsache, dass sehr viele Menschen, wahrscheinlich die Mehrheit, an einen Gott glauben. Dafür gibt es viele Gründe, von denen ich im Folgenden nur einige wesentliche erläutern möchte.

Erstens: Vielen Menschen ist Gott zunächst aufgezwungen und später ansozialisiert worden. Soll heißen, sie sind als wehrlose Neugeborene getauft worden, dann in einem religiösen Elternhaus aufgewachsen und haben dort, wie vieles andere, auch den Glauben der

Eltern übernommen. Dieser wurde dann durch religiöse Unterweisung in Kirche, Kindergarten und Schule noch gefestigt. Eine kritische Auseinandersetzung mit diesem Glauben hat nicht stattgefunden. Obwohl wahrscheinlich viele dieser Menschen dem Glauben indifferent, ja vielleicht sogar ablehnend gegenüberstehen, haben sie es (bisher) noch nicht geschafft, den formalen Akt des Kirchenaustritts zu vollziehen. Denn dafür muss man nicht nur persönlich beim Standesamt bzw. Amtsgericht erscheinen, sondern auch noch eine Gebühr von etwa 30 € zahlen. Ich nehme an, dass diese Gruppe der unreflektierten Gottesgläubigen die Mehrheit aller Gläubigen ausmacht.

(Würde der Glaube einem Menschen nicht als Kind oktroyiert, hätten es die Kirchen viel schwerer, Anhänger zu finden. Denn welcher erwachsene, mit kritischem Verstand ausgestattete Mensch würde sich einer Religion, wie z. B. dem Christentum, verschreiben, deren Lichtgestalt, Jesus, vom Heiligen Geist ge-

zeugt und von einer Jungfrau zur Welt gebracht wurde und der dann auch noch von
den Toten auferstanden ist. Solche unglaubli-
chen Geschichten müssen einem als Kind ein-
geimpft werden, damit sie sich durch stän-
dige Bestärkung verfestigen und allmählich
Teil der Persönlichkeit werden.)

Zweitens: Die Menschen sind infantil geblie-
ben. Meint folgendes: Als kleines, hilfsbedürf-
tiges Kind bekommt man von den Eltern in
der Regel alles, was man braucht: Nahrung,
Hilfe, Liebe, Schutz, Fürsorge etc. Die großen
Eltern erscheinen einem als allmächtig, allwissend und perfekt. Wenn das Kind aber
zum Jugendlichen heranwächst, erkennt es
allmählich, wie viele menschliche Schwächen
und Mängel die Eltern haben und – vor allem
– dass sie nicht allmächtig und allwissend
sind. Diese Enttäuschung wird nun nicht rati-
onal verarbeitet, sondern das Wunschbild des
allmächtigen, gütigen und perfekten Vaters
(oder der Mutter) wird auf einen imaginären

Gott projiziert, der nun die Funktion des perfekten Vaters der Kindheit übernimmt.

Drittens: Das Versprechen der ausgleichenden Gerechtigkeit im Jenseits. Für viele Menschen, die Leid und Ungerechtigkeit auf Erden erfahren haben, ist die vermeintliche Gewissheit, dass im Jenseits die Rechnungen beglichen werden, ein wohltuender und tröstlicher Gedanke. Endlich wird die Sehnsucht nach Gerechtigkeit gestillt, werden die Verbrecher und Gauner, unter denen man gelitten hat, abgestraft. (Aber ist diese Hoffnung nicht trügerisch? Wenn Gott nicht willens oder fähig ist, für Gerechtigkeit auf Erden zu sorgen, warum sollte er es denn im Himmel tun? Als master of the universe hat er doch in beiden Sphären unbegrenzte Macht!)

Viertens: Man möchte auf der sicheren Seite sein. Kalkulation: Wenn es Gott gibt, rettet mich mein Glaube an ihn. Gibt es keinen Gott, schadet der Glaube mir nicht. Also eine reine Nützlichkeitserwägung.

(Diese vermeintlich so bestechende Argumentation hat aber einen Haken: Was ist, wenn ich aus den vielen Göttern den falschen ausgewählt habe? Wenn ich im Jenseits z. B. nicht dem christlichen Gott begegne, sondern Allah. Und wenn Allah genauso eifersüchtig ist wie z. B. sein Rivale, Jahwe. Dann droht mir die ewige Verdammnis, denn für alle Götter gilt doch: *Ich* bin der Herr, dein Gott. Du sollst keine fremden Götter neben mir haben. Weil alle Götter allwissend sind, durchschauen sie meine Trickserei, denn ich habe mich ja nicht aus innerer Überzeugung für meinen Gott entschieden, sondern nur, um mich abzusichern. Wird mein Gott diesen Täuschungsversuch nicht ahnden?)

Fünftens: Weil die christliche Religion vermeintlich eine Antwort auf die Fragen nach dem Woher, dem Wohin und dem Sinn des Lebens gibt, also auf die Fragen: Woher kommen das Universum und das Leben auf der Erde? Was ist der Sinn des Lebens? Was kommt nach dem Tode? Weil es auf diese Fragen keine wissenschaftlichen Antworten gibt, die Religion aber vorgibt, darauf die Antworten zu haben, fühlen sich viele Menschen im Glauben geborgen. Schauen wir uns doch mal die Auskunft des Christentums auf diese drei Fragen an. Zur Beantwortung der ersten, woher das Universum kommt, bedient man sich eines Tricks. Man denkt sich einen Gott aus und dichtet ihm die Eigenschaft an, welche erforderlich ist, um die Entstehung des Universums zu erklären: Er ist allmächtig! Deshalb kann er aus dem Nichts das Universum schaffen. Als immaterielles, geistiges Wesen kann er spielend die materielle Welt mit allem Drum und Dran, einschließlich des Menschen, kreieren. Jedoch, auch wenn man diese Behauptung akzeptiert, stellt sich sogleich die Frage: Woher kommt Gott? Auch dafür ist gesorgt, denn dieser erdachte Gott ist nicht nur allmächtig, sondern er hat auch die wundersame Eigenschaft, ewig zu sein. Auf die nächste Frage, die nach dem Sinn des

Lebens, gibt es eigentlich keine allgemeingültige Antwort. Jeder Mensch kann seinem Leben nur einen individuellen Sinn geben. Aber die katholische Kirche hat natürlich eine allgemeingültige Antwort, die sinngemäß so lautet: Wir sind auf Erden, um Gott zu erkennen, zu lieben, ihm zu dienen und einst in den Himmel zu kommen. Auch auf die letzte Frage, was nach dem Tode kommt oder ob überhaupt etwas kommt, gibt es keine objektive, empirisch abgesicherte Antwort. Jedoch das Christentum hat eine: Es lockt mit dem Himmel bzw. droht mit der Hölle. Weil für viele Menschen der Gedanke unerträglich ist, dass es mit dem Tode aus und vorbei ist, akzeptieren sie dieses Hirngespinst, greifen sie zu dieser psychologischen Krücke.

Bei vielen Menschen ist der Gott additiv entstanden: Am Anfang steht die Taufe und der von den Eltern bzw. der Kirche vermittelte Gott. Dieser wird dann aufgrund der Desillusionierung hinsichtlich der Eltern (die leider nicht göttlich, sondern ach so schwach und menschlich sind) verstärkt. Und wenn dann, im fortgeschrittenen Alter, noch die Sinnfragen aufkommen, werden diese von den Religionen vermeintlich überzeugend beantwortet. So festigt sich der Glaube und wird zur Gewissheit. Das Ganze ist dann für die Psyche sehr angenehm und wirkt wie eine Beruhigungspille. Jedoch, das Faktum bleibt: Es ist eine Illusion, eine Flucht aus der Realität, ein Hirngespinst.

Die vorstehenden Ausführungen erklären vielleicht auch, warum so viele Menschen, die ansonsten – im Beruf und Alltag – logisch denken, ihre Logik und Kritikfähigkeit über Bord werfen, wenn es um Religion geht. Bei ihnen scheint die zuvor schon erwähnte Forderung Luthers bereits eingetreten zu sein: „Wer ein Christ sein will, der steche seiner Vernunft die Augen aus."

Ein **weiterer Grund,** warum einige Menschen vorgeben, an Gott zu glauben, ist Opportunismus. Bei diesen Opportunismus-Christen handelt es sich um Menschen, die in ihrem

früheren Leben kirchen- und religionsindiffe-
rent waren, für die also Religion und Kirche
bisher unwichtig waren, und die aus Karriere-
gründen plötzlich Kirche und Glauben entde-
cken. Wie komme ich zu dieser Behauptung?
Ich habe diesen Wandel an zwei Personen be-
obachtet. Bei der einen handelt es sich um einen Studienfreund, der zwar Taufschein-Pro-
testant war, mit Kirche und Religion aber
nichts am Hut hatte. Dann ging er in die Politik und wurde sogar Europa-Abgeordneter.
Seitdem spielt bei seinen Auftritten und Re-
den Religion und Kirche eine große Rolle, und
er verweist immer wieder auf das christlich-
abendländische Fundament unserer Gesellschaft. Und das nicht aus Überzeugung, sondern weil er meint, damit beim Wähler gut
anzukommen. Eine vergleichbare Beobach-
tung habe ich bei einem alten Schulfreund gemacht, der es – nicht nur aufgrund dieser Ma-
sche –sogar bis zum Landesminister gebracht
hat. Von diesen Beobachtungen ausgehend,
ist es naheliegend anzunehmen, dass es mehrere dieser Opportunismus-Christen gibt.

3. Ungereimtheiten in der Bibel oder: Ist die Bibel wirklich Gottes Wort?

Laut Katechismus der katholischen Kirche, der offiziellen Darlegung der katholischen Lehre, enthält die Bibel „die Wahrheit", denn „Gott selber ist ihr Urheber." „Der Heilige Geist inspirierte nämlich die menschlichen Verfasser, die das aufgezeichnet haben, was er uns lehren wollte." (Katechismus der Katholischen Kirche, Kompendium, Antwort auf Frage 18)

An anderer Stelle lesen wir sinngemäß: Weil Offenbarungen, d. h. die Mitteilungen der göttlichen Wahrheiten und des göttlichen Willens an die Verfasser der Bibeltexte, göttlichen Ursprungs sind, enthalten sie die *unantastbare, absolute und ewige Wahrheit.*

Auch die Bibel selbst enthält die Behauptung, dass sie Gottes Wort sei: Timotheus 3, 14 – 16 und Petrus 1.21.

Wie, so frage ich, ist diese Wahrheitsbehauptung damit zu vereinbaren, dass die Bibel

1. viele Aussagen enthält, die sich fundamental widersprechen, und
2. Behauptungen enthält, die

   a) im Widerspruch zu wissenschaftlichen Erkenntnissen stehen,

   b) mit logischem Denken unvereinbar sind und

   c) der konkreten, täglich erlebten Realität widersprechen?

Zu 1. Hier nur einige der vielen Bibelaussagen, die sich widersprechen:

Frau und Mann gleichgestellt

Paulus: „Hier ist nicht Jude noch Grieche, hier ist nicht Sklave noch Freier, hier ist nicht Mann noch Frau; denn ihr seid allesamt eins in Christus." (Galater 3,28)

Frau dem Manne untergeordnet

„Denn der Mann ist das Haupt der Frau, wie auch Christus das Haupt der Gemeinde ist. [...] Aber wie nun die Gemeinde sich Christus unterordnet, so sollen sich auch die Frauen ihren Männern unterordnen in allen Dingen." (Epheser 5, 23 – 24)

Liebet eure Feinde

Jesus von Nazareth: „Ihr habt gehört, dass gesagt ist: ‚Du sollst deinen Nächsten lieben und deinen Feind hassen. ' Ich aber sage euch: ‚Liebet eure Feinde, segnet, die euch fluchen, tut wohl denen, die euch hassen, und bittet für die, die euch beleidigen und verfolgen, damit ihr Kinder seid eures Vaters im Himmel." (Natthäus 5, 43 – 45)

Bringt eure Feinde um

Mose: „Wenn ihr nun ausziehet zum Kampf, so soll der Priester herzutreten und sprechen: Fürchtet euch nicht und erschreckt nicht, denn der Herr, euer Gott, geht mit euch, dass er für euch streite mit euren Feinden, um euch zu helfen. [...] Und wenn sie der Herr, dein Gott, dir in die Hand gibt, so sollst du alles, was männlich darin ist, mit der Schärfe des Schwertes erschlagen. Nur die Frauen, die Kinder und das Vieh und alles, was in der Stadt ist, und alle Beute sollst du unter dir aufteilen. So sollst du mit allen Städten tun, die sehr fern von dir liegen. Aber in den Städten dieser Völker hier sollst du nicht leben lassen, was Odem hat." (5. Mose 20, 2 – 4, 13 – 16)

Keine Vergeltung

Jesus von Nazareth: "Ich habe gehört, dass gesagt ist, ,Auge um Auge, Zahn um Zahn. ' Ich aber sage euch [...] Wenn dich jemand auf die rechte Wange schlägt, dann biete die andere auch dar."

Vergeltung

Gott: „Auge um Auge, Zahn um Zahn, Hand um Hand, Fuß um Fuß, Brandmal um Brandmal, Wunde um Wunde. (2. Mose 21,24)

Keine Gewalt

„Da fragten ihn (Johannes den Täufer) auch alle Soldaten und sprachen: Was sollen wir denn tun? Und er sprach zu ihnen: Tut niemandem Gewalt und Unrecht und lasst euch genügen an eurem Sold." (Lukas 3, 14)

„Da werden sie ihre Schwerter zu Pflugscharen und ihre Spieße zu Sicheln machen [...]" (Micha 4, 3)

Mit Gottes Hilfe töten

„Und Josua sprach zum Volk: ,Fürchtet euch nicht und erschrecket nicht, seid getrost und unverzagt; denn ebenso wird der Herr allen euren Feinden tun, gegen die ihr kämpft. '

Und Josua schlug sie danach tot und hängte sie an fünf Bäume." (Josua 10,25)

„Schmiedet aus euren Pflugscharen Schwerter, macht aus euren Winzermessern Speerspitzen! Noch der Schwächste soll erklären: Ich kämpfe wie ein Löwe." (Joel 4,10)

Gott mehr gehorchen als den Menschen

Petrus und andere Apostel: „Man muss Gott mehr gehorchen als den Menschen." (Apostelgeschichte 5, 29)

Weltlichen Obrigkeiten gehorchen

Paulus: „Jedermann sei untertan der Obrigkeit, die Gewalt über ihn hat. Denn es ist keine Obrigkeit außer von Gott; wo aber Obrigkeit ist, die ist von Gott angeordnet. [...] Sie ist Dienerin und vollzieht das Strafgericht an dem, der Böses tut." (Römer 13, 1–4)

Angesichts dieser Widersprüche stellt sich die Frage: Hat Gott bzw. Gottes Heiliger Geist den Überblick darüber verloren, was er den Evangelisten, Propheten etc. alles eingeflüstert hat, oder ist ihm die Logik abhandengekommen?

Zu 2. a): seien nur zwei bekannte Bibelbehauptungen angeführt, die im Widerspruch zu unumstrittenen wissenschaftlichen Erkenntnissen stehen, nämlich das geozentrische Weltbild und der Kreationismus.

Nach dem *geozentrischen Weltbild* der Bibel steht die Erde im Mittelpunkt des Universums und wird von dem Mond, der Sonne und Planeten umkreist.

Dem steht das *heliozentrische Weltbild* gegenüber, nach dem die Sonne den Mittelpunkt unseres Sonnensystems bildet.

Der *Kreationismus* besagt, dass Gott am sechsten Tage der Schöpfung den Menschen als Krönung seines Werkes schuf. Dem steht die *Evolutionstheorie* entgegen, nach welcher der Mensch das Endprodukt einer langen biologischen Entwicklungskette ist, die von primitivsten Lebensformen zum Menschen führte. (Die einzelnen Schritte dieses Entwicklungsstrangs sind durch fossile Funde gut dokumentiert.)

Anmerkung zum geozentrischen Weltbild:

Als Schöpfer des Universums hätte Gott eigentlich wissen müssen, wie er die Welt konstruiert hat und hätte den Verfassern der Bibeltexte nicht etwas Falsches eingeben dürfen. Die von Bibelapologeten angebotene Lösung des Problems, welche da lautet, die Fehlaussage sei dem damaligen begrenzten Kenntnisstand geschuldet, ist nicht akzeptabel, da doch laut Bibel ihre Verfasser nur Medien der absoluten Wahrheit des christlichen Gottes sind, die weder zeitgebunden noch vom menschlichen Kenntnisstand abhängig ist.

Diese Kritik gilt sinngemäß auch für den Kreationismus.

Zu 2. b): Bibelaussagen, die mit logischem Denken unvereinbar sind.

Laut Bibel und Kirchenlehre (Matthäus 16, 18 und Katechismus Antwort auf Frage 182) ist der Papst der von Gott eingesetzte Stellvertreter Christi auf Erden. Da sollte man doch – nach menschlicher Logik – annehmen können, dass der allmächtige Gott für dessen Sicherheit sorgt. Aber warum benutzt der Papst dann ein gepanzertes Papamobil? Und warum gibt es auf dem Vatikan einen Blitzableiter? Das zeugt nicht gerade von Gottvertrauen, sondern ist ein Misstrauensvotum gegen Gott. Und hat der Papst nicht auch einen Schutzengel?

Zu 2. c): Behauptungen, die der konkreten, täglich erlebten Realität widersprechen:

Die Bibel enthält folgende Aussagen über Gott:

- Er ist allmächtig.
- Er hat Himmel und Erde erschaffen und herrscht über sie.
- Er hat den Menschen geschaffen und liebt ihn, zumindest die Menschen, welche seine Gebote und Vorschriften befolgen.
- Er ist gerecht: „Er ist der Fels; vollkommen ist sein Tun; ja alle seine Wege sind gerecht. Ein Gott der Treue und ohne Falsch, gerecht und aufrichtig ist er." (5. Mose 32, 4)

Aber in der Realität erleben wir, dass durch Naturkatastrophen (Erdbeben, Tsunamis, Überschwemmungen, Wirbelstürmen, Dürren), die, wie der Name sagt, naturgegeben, und das heißt laut Bibel gottgegeben sind, und dass durch verheerende Krankheiten

(Krebs, Aids, Malaria, Cholera, Corona) Tausende von Menschen jämmerlich zu Grunde gehen, unabhängig davon, ob sie ein gottgefälliges oder sündiges Leben geführt haben? Zur Veranschaulichung zwei konkrete Beispiele aus der jüngsten Vergangenheit. Erstens: Im August 2021 wurden in Haiti, einem der ärmsten Länder der Welt, durch ein starkes Erdbeben mehrere Orte zerstört. Dabei kamen über 2 200 Menschen zu Tode. Als die Bergungs- und Aufräumarbeiten noch im Gange waren, ließ der *gerechte* christliche Gott einen Tropensturm über die verwüstete Gegend fegen, dem nochmal Dutzende Menschen zum Opfer fielen. Zweitens: In 2020 sind weltweit rd. 10 Millionen Menschen an Krebs gestorben. Und im selben Jahr gab es ca. 9 Millionen Corona-Tote. Alles Sünder, die der gerechte Gott mit dem Tode bestrafen musste?

Der Widerspruch ist offensichtlich! Wenn Gott allmächtig und gerecht wäre, müsste auf

Erden Gerechtigkeit herrschen. Weil dem nicht so ist, sind nur drei logische Schlüsse möglich: 1. Gott ist nicht gerecht, 2. Gott ist nicht allmächtig (und kann deswegen seine Gerechtigkeit nicht durchsetzen), 3. Es gibt keinen Gott.

Wie lösen die Bibel und die katholische Kirche dieses Theodizee-Problem?

In der Bibel lesen wir: „Gottes Wege sind unergründlich" (Römer 11) und es folgt dann die Erläuterung: „Denn meine Gedanken sind nicht eure Gedanken und eure Wege sind nicht meine Wege, so spricht der HERR. Denn so viel der Himmel höher ist als die Erde, so sind meine Wege höher als eure Wege und meine Gedanken als eure Gedanken" (Jesaja 55). Das heißt doch im Klartext: Weil Gottes Logik und Verstand so viel höher sind als menschliche Logik und Verstand, ist sein Denken und Handeln für uns Menschen unerklärlich und undurchschaubar.

Diese biblische Sichtweise wurde auch von vielen Päpsten vertreten. Papst Franziskus hat sie in jüngster Zeit durch folgende drei Zitate bekräftigt: „Gott, der immer größer ist als unsere Logiken und Rechnungen…" (Eröffnungsansprache Synode 2015). „Gottes Zärtlichkeit ist größer als die Logik der Welt und kann eine unerwartete Art sein, Gerechtigkeit zu üben." (Papst Franziskus, Generalaudienz 19.01.2022). Beim Angelusgebet sprach Franziskus am 22.12.2019 von der „überraschenden Logik Gottes".

Wenn Gottes Wege unergründlich sind und die menschliche Logik bei Gott nicht gilt, dann kann man über Gott nicht sinnvoll diskutieren, denn ohne Logik kann man nicht argumentieren. Folglich muss auch jede noch so unsinnige, unlogische, unvernünftige und widersprüchliche Aussage über Gott akzeptiert werden. Mit dieser biblisch-kirchlichen Argumentation lässt sich sogar Donald Trumps Behauptung rechtfertigen, dass es alternative Fakten gibt.

Ich meine, auf diesem Niveau sollte man die Diskussion mit Gott und der katholischen Kirche abbrechen! Wer trotz dargelegten Sachverhalts die Bibel als Wahrheit ausgibt, begeht einen Anschlag auf die Vernunft und wissenschaftliche Erkenntnis. Die Bibel hat – trotz aller anderslautenden Beteuerungen – ihren angemessenen Platz in der Abteilung: Legenden, Sagen, Mythen und Märchen.

Hätten nicht einige mutige und scharfsinnige Menschen die höhere Intelligenz und Logik Gottes in Frage gestellt, würden wir noch heute im tiefsten Mittelalter stecken!

4. Existenz oder Nichtexistenz Gottes: Wer muss was beweisen?

Am Anfang der Kontroverse um die Existenz Gottes steht die Aussage des Gläubigen: Es gibt Gott! Das ist lediglich eine Behauptung, die so lange leer bleibt, bis der Beweis er-bracht wird. Der Gläubige hat den Beweis zu erbringen. Solange das nicht geschieht, kann der Nichtgläubige mit gutem Recht sagen: Ich glaube es nicht, denn es ist nur eine Behaup-tung ohne Beleg. **Der Nichtgläubige ist nicht verpflichtet, den Beweis für die Nichtexis-tenz Gottes zu erbringen, denn das behaup-tet er nicht!**

Diesen Sachverhalt möchte ich an zwei Bei-spielen veranschaulichen.

1. Beispiel: A behauptet, es gibt Menschen mit drei Köpfen. Die Aussage bleibt so lange leere Behauptung, bis er den Beweis erbracht hat. Bei A liegt die Beweislast. Nicht akzeptabel ist der Gedanke, weil B

die Behauptung nicht widerlegen kann, ist sie zutreffend, also es gibt Menschen mit drei Köpfen.

2. Beispiel: A sagt, B sei ein Mörder. B ist so lange kein Mörder (Unschuldsvermutung), bis A den Beweis erbracht hat. A hat die Beweislast. Völlig unzulässig ist der Gedanke, dass B so lange als schuldig gilt, bis er bewiesen hat, dass er unschuldig ist.

Völlig anders liegt der Fall bei einem Gläubigen (Theisten) und einem Atheisten. Hier ist eine Patt-Situation gegeben, denn der Theist behauptet, es gibt Gott, und der Atheist behauptet, es gibt keinen Gott. Keiner kann seine Behauptung beweisen. Aber angesichts der vielen Ungereimtheiten und Widersprüche (siehe Kapitel 1 und 3) habe ich große Zweifel an der Existenz des christlichen Gottes.

5. Von der Wiege bis zur Bahre: Das Rundum-sorglos-Paket der katholischen Kirche. Warum wird es nur sehr selektiv angenommen?

Das Service-Angebot der katholischen Kirche ist erstaunlich umfangreich und vielfältig. Nur ein Bruchteil davon ist allgemein bekannt. Es beginnt mit der Taufe des Neugeborenen. Wird das Kind etwas älter, kann es einen katholischen Kindergarten und danach eine katholische Schule besuchen, um auf dem rechten – sprich christlichen – Weg zu bleiben und von den vielen schädlichen Einflüssen der säkularen Welt verschont zu werden. In der Schulzeit kann das Kind dann – in der Regel mit neun Jahren - zur Erstkommunion gehen, dem zweiten Initiationssakrament nach der Taufe, in dem es zum ersten Mal selbst bestätigt, dass es an Gott und die katholische Kirche glaubt, wozu es bei der Taufe noch zu klein war. Mit der Erstkommunion wird also sein Glaube gestärkt, und es wächst als Vollmitglied in die Kirchengemeinde hinein. Abgeschlossen wird die Aufnahme in die Gemeinschaft der Gläubigen durch den Empfang des Sakraments der Firmung mit 15 Jahren, bei dem der Firmling durch den Heiligen Geist in seinem Glauben bestärkt und ermutigt wird. Für Jugendliche im Schulalter und in der Ausbildung hat die katholische Kirche mehrere Einrichtungen im Angebot: z.B. Pfadfinder, Jungschar, katholische Studentenverbindungen etc. Tritt der Katholik ins Berufsleben ein, kann seine Kirche ihm auch hier hilfreich und nützlich sein. So kann er z.B. in den Dienst einer kirchlichen Einrichtung eintreten (Caritas, katholischer Kindergarten, Schule, Krankenhaus) oder, falls er anderweitig tätig wird, Mitglied im Christlichen Gewerkschaftsbund Deutschlands (CGB mit 400 000 Mitgliedern) werden. Darüber hinaus steht ihm die Kirche mit Rat und Hilfe zur Verfügung, wenn er sich einer der vielen anderen katholischen Organisationen anschließt, wie z.B.: Bund Katholischer Unternehmer, Verband der Katholiken in Wirtschaft und Verwaltung, Familienbund der Katholiken, ,In Vita', Katholischer Deutscher Frauenbund, Katholische Landvolkbewegung, Kolpingwerk. Ein weiterer kirchlicher Service ist der sonntägliche Gottesdienst mit Beichtmöglichkeit und Kommunion. Hat er einen Lebenspartner gefunden, bekommt er eine kirchliche Trauung angeboten. Auch für alle Eventualitäten im späteren Leben hat seine Kirche vorgesorgt. Sollte er krank oder pflegebedürftig werden, stehen ihm katholische Krankenhäuser und Pflegeheime zu Diensten. Für Sterbende gibt es das Sakrament der Letzten Ölung und Hospize, für Tote die kirchliche Bestattung und den Trost, dass ihnen - sofern sie einen guten Lebenswandel geführt haben - ein Platz im Himmel sicher ist. Als Letztes sind noch die vielen sozialen und karitativen Aktivitäten sowie die Kursangebote der örtlichen Kirchengemeinden zu erwähnen. Ein wahrlich umfassendes und beeindruckendes Service-Paket.

Aber so unverbindlich, wie das klingt, ist dieses generöse Angebot auch wieder nicht. Ist ein Mensch erst einmal katholisch getauft, ergeben sich daraus eine Menge Verpflichtungen, wie wir bald sehen werden. Jedoch zunächst noch einmal zurück zur Taufe. Warum muss das Baby unbedingt getauft werden - und warum gerade katholisch?

Nun, die Taufe ist erforderlich, um es in die Glaubensgemeinschaft der Christen aufzunehmen und weil es - wegen des Sündenfalls im Paradies – mit der Erbsünde belastet ist, von der es nur durch die Taufe reingewaschen werden kann. Stirbt es als ungetauftes Kind, landet es im Limbus, einem Vorraum der Hölle, in dem es *von der ewigen Anschauung Gottes ausgeschlossen* ist, und bleibt dort *bis in alle Ewigkeit*. Jedoch, diese Ewigkeit ist abgekürzt worden.

2007 hat der Vatikan die Vorhölle abgeschafft. Jetzt kommen auch die Seelen ungetaufter Kinder in den Himmel. Bleibt nur zu hoffen, dass Gott von diesem Sinneswandel des Vatikans erfahren hat und die Seelen nicht fehlleitet! Und wie wird das Kind getauft? Natürlich katholisch – denn noch immer gilt, dass nur die katholische Kirche die *allein seligmachende Kirche* ist. Also alle anderen Kirchen sind ein Irrweg.

Zu den wesentlichen Verpflichtungen eines Katholiken gehören unter anderem:

- Er soll an allen Sonn- und gebotenen Feiertagen die heilige Messe besuchen. (Kommt er dieser Sonntagspflicht nicht nach, begeht er eine schwere Sünde, die den Verlust der heiligmachenden Gnade bedeutet. 22,5 Millionen deutsche Katholiken gehen sonntags nicht zum Gottesdienst.)
- Er soll nach der Erstkommunion mindestens einmal im Jahr zur Beichte gehen und die heilige Kommunion empfangen.
- Er ist nach der Firmung verpflichtet, seinen Glauben öffentlich zu leben, zu bekennen und zu verbreiten. Er soll *ohne Furcht zur Fahne seines heiligen Glaubens stehen.*

- Er ist nach dem Eintritt ins Berufsleben verpflichtet, Kirchensteuer zu zahlen.
- Er soll in der Fastenzeit die gebotenen Fast- und Abstinenztage einhalten.
- Er ist verpflichtet, katholisch zu heiraten, seine Kinder katholisch zu taufen und zu erziehen.
- Ist er homosexuell veranlagt, gilt für ihn das Gebot der sexuellen Enthaltsamkeit. (Zwar erkennt die katholische Kirche mittlerweile Homosexualität als naturgegebene, *in sich nicht sündhafte Neigung* an, verbietet aber daraus resultierende Handlungen, weil sie *der schöpferischen Weisheit Gottes entgegenstehen* und *dem Naturrecht widersprechen*.)

Zusammenfassend kann man feststellen: Die katholische Kirche hat ihren Mitgliedern viel zu bieten. Aber sie stellt auch Forderungen (Kirchensteuer, Kirchenbesuch, Empfang der Sakramente) und arbeitet mit Versprechungen (Himmel) und Drohungen (Fegefeuer,

Hölle). Es ist ein vielfältiger Ansatz, ein sehr differenziertes Geschäftsmodell.

Und wie wird dieses Paket aus Dienstleistungen, Forderungen, Versprechungen und Drohungen angenommen? Mehr schlecht als recht, wie Fakten und Zahlen belegen. (Ich lasse hier die Staats-Ersatzeinrichtungen wie katholische Kindergärten, Schulen und Krankenhäuser unberücksichtigt und konzentriere mich auf die wichtigsten genuinen Kirchendienste.)

- Taufe: Von 2006 bis 2018 fiel die Zahl der katholischen Taufen um 12 Prozent.
- Erstkommunion: Hier betrug der Rückgang im selben Zeitraum 11 Prozent.
- Firmungen: Ein dramatischer Rückgang um 38 Prozent.
- Trauungen: Obwohl ein Katholik zur kirchlichen Trauung verpflichtet ist, weil die standesamtliche Trauung aus kirchlicher Sicht keine Ehe begründet, ließ sich 2018 nur jeder vierte Katholik

kirchlich trauen. Von 2006 bis 2018 fiel die Zahl der katholischen Trauungen um 14 Prozent.

- Gottesdienstbesuch: Auch die verpflichtende Teilnahme am sonntäglichen Gottesdienst (Sonntagsgebot) ist rückläufig. Sie lag 2018 nur noch bei 9,3 Prozent der Kirchenmitglieder.
- Bestattungen: Rückgang um 16 Prozent in den letzten 15 Jahren.
- Kirchenaustritte: In den letzten 10 Jahren (2011–2021) sind 1 928 000 Katholiken aus der Kirche ausgetreten, ein Schwund von 9,6 Prozent. Allein 2021 haben 360 000 Katholiken ihrer Kirche den Rücken gekehrt. Nach einer von der katholischen Kirche veröffentlichten Studie wird sich die Zahl der Katholiken bis 2060 halbieren.

(In diesem Zusammenhang stellt sich die folgende Frage: Warum erfolgt die Registrierung des Kirchenaustritts, also einer kirchlichen Angelegenheit, im Standesamt oder Gericht, also einer staatlichen Behörde? Für die Verlagerung ins Pfarramt sprechen zwei Gründe. Zum einen würden die ohnehin überlasteten und unterbesetzten staatlichen Ämter entlastet. Darüber hinaus könnte der Pfarrer im Gespräch mit dem Austrittswilligen erfahren, was ihn an seiner Kirche stört, was in der Kirchengemeinde schiefläuft und welche Veränderungen vorgenommen werden sollten. Dieses Gespräch könnte auch bewirken, dass das Mitglied es sich anders überlegt. Mitarbeiter von Amtsgerichten und Standesämtern berichten, dass viele Austretende ein Gespräch über die Gründe für ihren Austritt suchen – bei ihnen aber an der falschen Adresse sind.)

Und wie lautet die Begründung für die Ablehnung der Sakramente und der anderen kirchlichen Angebote? (Bei den im Folgenden genannten Gründen handelt es sich um Aussagen, die - laut Umfragen – von Täuflingseltern bzw. den betroffenen Personen selbst gemacht wurden.)

Taufe:

- Weil sie nach katholischer Lehre als *unaufhebbarer Ritus* unwiderrufbar ist. (Wer getauft ist, bleibt Christ, auch wenn er aus der Kirche austritt. Aber er wird als Strafe für den - vom Staat zwar anerkannten, von der Kirche jedoch nicht akzeptierten – Austritt von den Sakramenten ausgeschlossen. Klartext: Das Kind kommt nie wieder aus der Kirche raus!)
- Weil die Kindtaufe ein unmündiges Kind in einen Glauben zwingt, den es als Erwachsener vielleicht niemals gewählt hätte. (Es könnte später als mündiger Erwachsener sich taufen lassen oder auch nicht. Wir würden uns mit Sicherheit dagegen wehren, wenn man bei einer Partei automatisch mit der Geburt Mitglied werden müsste!)

Trauung:

- Weil eine katholische Ehe nicht geschieden werden kann. Sie ist unauflöslich, *bis dass der Tod euch scheidet.*

- Weil bei der Trauung eines Katholiken mit einem Andersgläubigen oder Konfessionslosen, dieser zustimmen muss, dass die Kinder katholisch getauft und erzogen werden.

- Weil ich zwar noch Kirchenmitglied bin, aber eigentlich mit meiner Kirche nicht mehr viel zu tun habe.

- Weil eine kirchliche Hochzeit ein besonders großes Fest erfordert, das für uns unerschwinglich ist.

- Weil Brautpaare der ritualisierten, nach starren Regeln ablaufenden kirchlichen Trauung eine freie Hochzeit vorziehen. (Hier können sie bestimmen, wann, wo und wie die Feier abläuft, z.B. um Mitternacht im eigenen Garten, bei Sonnenaufgang am Strand oder auf einer romantischen Lichtung im Wald. - Nebenbei bemerkt: Mehrere Pfarrer berichten, dass sie Paare getraut haben, die sie bei der Anmeldung zur Trauung das erste Mal und bei der Trauung selbst das letzte Mal gesehen haben. Die kirchliche Trauung ist nicht immer ein Indiz für Kirchenbindung, sondern häufig nur die Gelegenheit für eine schöne Festlichkeit.)

Bestattung:

An der kirchlichen Bestattung wird beanstandet, dass sie nach einem starr vorgegebenen Ritual abläuft, während die weltliche individuell gestaltet werden kann. Hier können die persönlichen Wünsche des Verstorbenen – häufig im Testament festgelegt – bzw. die Vorstellungen der Angehörigen berücksichtigt werden. Die Trauerrede wird nicht vom Priester gehalten, sondern von einem Trauerredner ohne Gottesbezug, entsprechend den Wünschen der Angehörigen. Auch ein Familienmitglied oder Bekannter kann sie halten. Es kann weltliche Musik ausgewählt werden, die dem Verstorbenen etwas bedeutete oder an ihn erinnert. Kinder oder Enkel können auf ihren Instrumenten etwas vorspielen oder ein Lied singen. Der Sarg oder die Urne können bemalt oder beschrieben werden mit Dankesworten, Grüßen und Wünschen. Die Urne kann von einem Familienmitglied selbst getragen werden, um innere Nähe auszudrücken. Kurz gesagt: Die gesellschaftlichen Veränderungen unserer Zeit können berücksichtigt werden.

Erstkommunion, Firmung, Gottesdienstbesuch:

Zum Rückgang bei diesen Sakramenten geben die Erhebungen keine Auskunft.

Kirchenaustritt:

Alle zu diesem Thema durchgeführten Umfragen und Studien nennen übereinstimmend die folgenden Austrittsgründe:

- Missbrauchsskandale und der Versuch, sie zu vertuschen
- Unzureichende Aufklärung, kaum wirkliche Konsequenzen
- Ablehnung der katholischen Sexualmoral
- Haltung der Kirche zur Homosexualität
- Pflichtzölibat
- völlig unakzeptables Frauenbild
- Versagen der Kirche als moralische Instanz, weil sie die von ihr gepredigten Werte nicht lebt
- Weltfremdheit: Kirche hat keine Antworten auf die heutigen Fragen und Probleme
- Kirchensteuer (auch Beanstandung der mangelnden Transparenz bei der Verwendung des Steuergeldes und von Spenden)
- Zunehmende Diskrepanz zwischen Glauben und Kirchenloyalität: ‚Ich glaube zwar noch an Gott, aber ich zweifle und verzweifle an meiner Kirche. '

Resümee

Die Zeit der bedingungslosen Loyalität und Unterordnung des Katholiken unter seine Kirche ist vorbei. Der heutige Katholik ist selbstbewusst, kritisch, hat eigene (Wert-) Vorstellungen und akzeptiert unzeitgemäße und unvernünftige Traditionen nicht mehr. So lässt er z.B. seine Kinder nicht nur deswegen taufen, weil die Großeltern es wünschen. Mit seinen kirchlichen Pflichten (Messebesuch, Beichte, Kommunion) geht er recht locker um. Er hat Mut zu berechtigter Kritik und prangert Doppelmoral und Heuchelei an. Wird die Diskrepanz zwischen seinen Vorstellungen und den ethischen und moralischen Normen seiner Kirche zu groß, tritt er aus, wie die hohen Austrittszahlen belegen. Der Austritt wird durch den Autoritäts- und Vertrauensverlust der Kirche sowie der Austritt vieler anderer erleichtert. Die Kirche hat kaum noch Disziplinierungsmittel gegen rebellische Mitglieder. Der Kirchenkritiker fordert in einigen

Bereichen tiefgreifende systemische Veränderungen, wie z.B. den Zugang von Frauen
zum Priesteramt und die Abschaffung des
Pflichtzölibats. Sollte die Kirche es versäu-
men, bald angemessen zu reagieren, wird sie
noch mehr Schaden nehmen und weitere
Mitglieder verlieren.

6. Taufen: ja oder nein?

Zunächst einige Fakten über Taufen in der katholischen und evangelischen Kirche in Deutschland.

Die Anzahl der katholischen Taufen ist seit ihrem Höchststand 1964 bis zum Jahr 2021 um ca. 72 Prozent zurückgegangen. In der evangelischen Kirche betrug der Schwund in dieser Zeit ca. 76 Prozent. (Die absoluten Zahlen lauten: Rückgang der katholischen Taufen von 513.500 auf 141.992, der evangelischen von 483.300 auf 115.100.) Nur noch - mit fallender Tendenz – ein Drittel der Kinder in Deutschland wird christlich getauft. In beiden Kirchen liegt der Prozentsatz der Kindtaufen bei ca. 91 Prozent, die restlichen Taufen sind Erwachsenentaufen. Die Leitungen beider Kirchen prognostizieren einen weiteren Rückgang der Taufen.

Die am häufigsten angeführten Gründe für die Kindtaufe lauten:

1. Eine schöne Familienfeier.

2. Fortsetzung einer alten Tradition.

3. Nur wenn ein Kind durch die Taufe in die Kirchengemeinde aufgenommen wird, bekommt es Gelegenheit, konkret zu erfahren, was Kirche und Christentum ist.

4. Der Kircheneintritt durch die Taufe stellt kein Risiko dar, weil der Getaufte jederzeit austreten kann.

5. Die Kirche vermittelt Werte und Moral.

6. Durch die Taufe wird der Täufling von der Erbsünde reingewaschen. Solange das nicht geschieht, befindet er sich „in der Macht des Bösen".

Meine Stellungnahme zu den angeführten Gründen:

<u>Zu 1.</u> Man kann auch ohne Taufe ein schönes Baby-Willkommensfest, sozusagen einen *ersten* Geburtstag feiern, was viele Eltern mittlerweile auch tun.

<u>Zu 2.</u> Sollte man wirklich eine Tradition aufrechterhalten, die ein Kind ohne Notwendigkeit (im Gegensatz z.B. zur Impfentscheidung) in eine Organisation zwingt, aus der es nie wieder herauskommt (siehe Antwort 4) und in die es als Erwachsener vielleicht nie eingetreten wäre. Wenn ja, dann kann diese Person es später selbstbestimmt nachholen. Kein normaler Mensch käme auf die Idee, sein Baby nach der Geburt bei einer Partei (nicht einmal einer christlichen!), der Humanistischen Union oder einer anderen vergleichbaren Organisation anzumelden.

<u>Zu 3.</u> Auch ein Ungetaufter kann den Religionsunterricht und Gottesdienst besuchen. So bekommt er einen konkreten Einblick in die Lehre und Praxis der Kirche. Darüber hinaus wird über beide Kirchen, die ja keine Geheimorganisationen sind, in den Medien breit berichtet. Also ist dieser konkrete Einblick auch möglich, ohne durch die Taufe die unauflösliche Bindung an das Christentum einzugehen. Im Übrigen: Keiner käme auf die

Idee zu behaupten, man müsse erst dem Islam, Judentum oder Buddhismus beitreten, um diese Religionen richtig kennenzulernen.

<u>Zu 4.</u> Diese Aussage ist, bezogen auf die katholische Kirche, unzutreffend. Nach katholischer Lehre ist die Taufe irreversibel: „Nichts kann den Christen aus der Hand Gottes reißen" (Johannes 10.28-29). Diese Aussage wird durch www.katholisch.de bestätigt: „Durch die Taufe ist ein Mensch **immer** Teil der katholischen Kirche – daran kann weder er noch die Kirche etwas ändern. Sie ist das Realsymbol für die besondere, **unauflösliche** Gemeinschaft des Getauften mit Jesus Christus, durch den die Erbsünde ihre Macht über den Täufling verloren hat". Also: einmal Christ, immer Christ! Der Getaufte kann zwar später rein formal aus der Institution Kirche austreten, bleibt aber nach kanonischem Recht weiterhin Angehöriger der christlichen Gemeinschaft. Und für den Austritt muss er Zeit und Geld aufwenden: Online-Austritt nicht möglich, Gebühr 39 €.

<u>Zu 5.</u> Welche Werte und Moralvorstellungen sollen vermittelt werden? Dazu gehören u.a. sicherlich: Toleranz (auch gegenüber anderen Religionen), Freiheit (einschließlich Religions- und Meinungsfreiheit), Gleichberechtigung (auch für die Frau), Friedfertigkeit, Gerechtigkeit, Lebensschutz, Ehrlichkeit, Nächstenliebe, Respekt und Empathie. Der Vermittler dieser Werte und Moralvorstellungen ist nur dann glaubwürdig, wenn er diese nicht nur predigt, sondern tatsächlich auch gelebt hat und heute noch lebt. Es ist unbestritten, dass die christlichen Kirchen viel Gutes geleistet haben. Aber genauso unstrittig ist, dass die Kirche - besonders die katholische mit ihrer langen Geschichte – gegen viele der genannten Grundwerte eklatant verstoßen und damit unsägliches Leid verursacht hat. Mit den folgenden Stichwörtern kann nur einiges davon angedeutet werden: christlicher Antisemitismus, Kreuzzüge, Inquisition, Ketzerverfolgungen, Hexenverbrennungen, Ablasshandel, Zwangschristianisierung, Gegenreformation und Religionskriege. Hinzu kommen die

vielen Verfehlungen der jüngsten Vergangenheit und Gegenwart, wie z.B. das Schweigen zum Holocaust, die Rattenlinien/Klosterrouten und der Missbrauchsskandal. Dieses eklatante historische und gegenwärtige Versagen steht im krassen Gegensatz zum hohen moralischen Anspruch besonders der katholischen Kirche. So stellt sich die Frage, ob diese diskreditierte Organisation, die durch ihr unheilvolles Wirken eine tiefe Blutspur in der Geschichte hinterlassen hat, wirklich ein glaubwürdiger Wertevermittler ist. Sollt man diese Aufgabe nicht eher dem unbelasteten Ethikunterricht überlassen? Dieser ist dafür besonders geeignet, weil er mehrere Religionen vorstellt und vergleicht (wichtig für unser Land, in dem viele Angehörige unterschiedlicher Religionen leben), weltanschaulich neutral ist und keine Indoktrination vornimmt.

<u>Zu 6.</u> Dieses Argument war die traditionelle kirchliche Begründung für die Kindertaufe. Im katholischen Katechismus (Ausgabe 2005) wird auf die Frage: „Warum tauft die Kirche Kinder?" die folgende Antwort gegeben: „Weil die Kinder, die mit der Erbsünde geboren werden, der Taufe bedürfen, um von der Macht des Bösen befreit und in das Reich der Freiheit der Kinder Gottes versetzt zu werden." Nach katholischer Lehre kamen die Seelen ungetaufter gestorbener Kinder nicht in den Himmel, sondern in die Vorhölle. Das war ein Ort ohne Teufel und Höllenqualen, aber eben kein Himmel, wo man sich der Nähe Gottes erfreuen konnte. Es galt der Grundsatz: keine Taufe – kein Paradies. Diese Lehre, an der auch viele gläubige Katholiken zweifelten, wurde 2007 durch eine Neuregelung abgelöst, nach der auch nicht getaufte Kinder, die sterben, direkt ins Paradies kommen – obwohl die Taufe weiterhin der ordentliche Heilsweg ist. Durch diese gravierende Veränderung entfällt das Hauptargument für die Kindertaufe.

Zusammenfassend ist festzuhalten: Die Argumente 3, 4 und 6 sind unzutreffend, die Argumente 2 und 5 sehr problematisch. Für das verbleibende 1. Argument gibt es einen akzeptablen Ersatz. Deswegen spricht vieles dafür, mit der Taufe zu warten, bis das Kind erwachsen ist und dann eine eigene Entscheidung treffen kann.